# 副业赚钱

## 人人可复制的爆款赚钱课，副业也能月入过万

张丹茹◎著

A SIDELINE TO MAKE MONEY

中国友谊出版公司

# 目录

## 第 2 章 >>>
## 要想副业赚钱，你需要掌握这几种能力



## 第 3 章 >>>
## 少走弯路，实现主副业完美平衡

## 附　录 >>>

# 序言

## 人生，没有什么不可能

我的第一本书《学习力：如何成为一个有价值的知识变现者》出版后，获得了很多殊荣，比如出版了繁体版，我也获得了2017年“当当网年度十大新锐作家”的称号。

获得“当当网年度十大新锐作家”这件事，还有个很有趣的小插曲。我先生把这件事分享到了朋友圈，他的一个好友评论说：“请问，这位女士确定是你老婆吗？”

2019年，年初我去参加了“在行”平台的年度颁奖活动，得到了主办方颁发的奖杯“2018年年度最具影响力奖”。2018年，还做了一件大事：我悄无声息地生了一个娃，我的第二个宝宝在2018年8月30日诞生了。在这样特殊的一年里，我还获得了“在行”平台“年度最具影响力奖”，可谓战果非凡。

为什么说是“悄无声息”地生娃呢？因为整个怀孕期间，我没有刻意地公开自己怀孕的事，所以很多人都不知道。在生下娃后的第三天，在我的微信公众号（ID：Angie20160120）上发布了一篇文章《我又双叒叕生了一个宝宝！》。留言区非常火爆，有的读者留言：“Angie，我情愿相信这是广告，也不敢相信你又生了一个宝宝。”

还有读者留言：“Angie，你让我看到一个妈妈，在怀孕期间也可以这么精彩。”

我的人生轨迹也就是在这几年才有了实质性的改变，从刚毕业就失业、一个月入 2000 元的客服，到现在实现财务自由。

在生完第一个小孩后，因为想要成为宝宝最好的榜样，我开启了副业赚钱之旅。

在怀孕期间，我的所有工作都有条不紊地往前推进，只是因为身体的原因，停止了所有需要外出的项目。

生完第二个小孩的第三个月，我开始陆续恢复之前的工作，同时往前推进三个大项目。在第四个月时，整个公司的三个项目月营收 450 万。

在这个过程中，我都是全职在家办公。我有一个三人的小团队——Emma、春莹和梅芳。

我用亲身经历证明了一句话：人生，没有什么不可能！即便你只是一位来自普通公司的普通员工或者是一位全职妈妈。

回到开头，当我从“在行”拿到奖杯之后，在发表获奖感言环节，我分享了自己最近一年来的故事；颁奖环节结束后，到了行家交流环节，我被隔壁组的行家邀请过去，分享我打造个人品牌，并且影响了那么多人的经验。

我讲了自己如何从“在行”这个平台借势，开启了副业赚钱之旅。2015 年，我还是一家外企的项目经理，因为工作比较轻闲，我开始研究个人成长方面的东西，并从那个时候开始，有了做副业的打算。

那天的时间很短，只能做一个简短的分享。而现在，我把所有与副业赚钱相关的案例、方法、思维、渠道等，写成了一本书。

同时，这本书的同名音频课也在网上热卖。如果你觉得看书不过瘾，想要听音频课，可以关注我的微信公众号，后台回复“副业”，即可获得课程版的报名链接。

在整本书的最后，还会有三篇我的读者朋友的故事分享，相信也一定能够给你带来启发。

接下来，介绍一下这本书的正确的阅读方式。

第一遍，通读整本书，并做适当的标记。

第二遍，挑马上就可以用到的方法，精读后写下自己的行动计划清单。

第三遍，随身携带或者是放在床头，遇到副业赚钱相关的问题时，拿出来翻一翻，你会找到灵感和具备参考意义的方法。

最后，我要感谢很多人。

我的老公刘先生，我们认识近 20 年，恋爱 17 年，相互都是无比地支持和信任，让我的这份努力和奋斗，更加有意义。

我的助理团队们，Emma、春莹和梅芳，她们都有正式的工作，非常感谢这三位助理一路的信任和跟随。

我的孵化平台“价值变现研习社”的所有社员，他们在我的平台上成功探索了自己的副业并赚到了钱，让我更有信心写出这样一本书，帮助更多的人探索自己的副业。

我的第二本书的编辑：亚丁老师，给了我很多建议。

还要感谢你——亲爱的读者们，如果你们阅读完本书，有不错的收获，别忘了多买几本，送给身边的朋友们。期待你们能在副业之旅上，走出属于自己的康庄大道。

张丹茹（Angie）

2019年3月

# 第 1 章 >>>

# 副业赚钱，从改变你的思维认知开始

◎ 对号入座，带你找到探索副业的五种形式

◎ 找准时机，开启副业赚钱之旅

◎ 三类身份，提升你的副业赚钱效益

◎ 副业赚钱的三种复利思维

◎ 投资型 or 消费型思维，拉开你和穷人的差距

◎ 有钱人和你想得不一样：思维 > 注意力 > 时间 > 金钱

◎ 先天 + 后天，唤醒你的赚钱优势

◎ 一个清单，算出你的赚钱优势排序

◎ 精准定位出可以赚钱的三大优势标签

◎ 答疑环节

## 第1节
## 对号入座，带你找到探索副业的五种形式

近两年来，探索副业成为一种潮流，与之相伴的是一个很酷的词，叫“斜杠青年”。

“斜杠青年”一词来源于英文“Slash”，出自《纽约时报》专栏作家麦瑞克·阿尔伯写的书《双重职业》，指的是一群不再满足“专一职业”的生活方式而选择拥有多重职业和身份的多元生活人群。比如我们熟知的台湾“文案天后”李欣频，她在广告人、作家、教授、旅行家、演讲家等各种身份之间自由切换，游刃有余。

在真正探索副业之旅将近三年的时间里，我通过大量的阅读、学习和实践，将分享给大家五种探索副业的组合方式。

我们先来看下第一种探索副业的组合方式：铁饭碗 + 兴趣爱好组合。

铁饭碗是指工作相对稳定，时间相对充裕，但收入比较一般的一种职业。

兴趣爱好的范围比较广，可以是大众的这种阅读、演讲、写作技能类的提升，可以是从小到大的一些爱好，比如从小喜欢画画、表演等，也可以是一些先天的优势，比如声音很好听，或者是长得好看并且很喜欢护肤、穿搭等。

这种组合模式更适合工作上有比较多空余时间，又渴望拥有更多彩的人生的一类人。

以我的故事为例，2015 年初，在渐渐适应了所在外企的工作节奏后，我每天会多出一大段空闲时间来。

起初这些时间几乎是完全被浪费的，经历了一段迷茫期后，在完成工作之余，我开始了大量阅读、学习的自我提升阶段，几乎每天要阅读一两本书。书读得多了后，我发现自己渐渐有了分享的渴望，最初的分享方式是对自己学习后的阶段性梳理：分享给自己看。

这就是稳定收入 + 探索兴趣爱好的阶段。在这个阶段，我的兴趣爱好没有给自己带来任何的收入，但却为之后的副业赚钱之旅打下了坚实的基础。

如果你目前的状态是工作之余有比较多的时间，而你又暂时没有跳槽的计划，建议不要再把时间花在逛淘宝、和同事闲聊上，而是开始探索自己的兴趣。

在这里，我还要提醒大家一点，刚开始不用太介意一定要学习固定的一类内容，如果你花过多的时间在思考自己的定位上，反而容易导致迟迟无法行动起来。

另外，关于如何深挖兴趣，我将会在“优势挖掘篇”有详细的展开。

除此之外，你还可以选一些工作上也能用到的技能，比如说你是销售，在空余时间里，可以把精力放在提升自己的沟通表达能力上。这种技能不仅对工作本身的提升很有帮助，对你未来开展副业也会有很大的帮助。

我们再来看下第二种探索副业的组合方式：左右脑组合。

这是一种理性思维与创造性思维共同发展的模式，就像一个计算机程序员精通编程，同时又喜欢写文章一样。

理性与艺术其实是非常好的互补，可以给我们带来更开阔的思维。

仔细对照，在工作上，我是一名运营总监；在业余生活当中，我拥有自己的个人公众号，需要大量的文字创作。

说实话，这两个岗位所运用的并非界限非常明显的理性思维与创造性思维，但确实也属于左脑和右脑共用的组合。

在探索副业之旅中，很多人会好奇，为什么我不回归运营工作，而是选择了和运营完全没有关系的写作爱好。

左脑 + 右脑的组合非常好地解释了这两种身份存在的合理性，并且给我带来了更开阔的思维，我完全乐在其中。这种组合方式，更多的是告诉你要用心去探索，而不是习惯性地自我暗示做不到。我们只有相信自己，不质疑自己，才有机会把事情做得越来越好。

我们再来看看第三种探索副业的组合方式：脑力 + 体力组合。

这种模式能够让人很好地在脑力劳动和体力劳动中相互切换，确保身心的健康以及生活的平衡。

事实上，对于脑力工作者，如果能够发展出一个体力劳动的副业也是挺不错的选择。

对我自己来说，我并没有真正发展自己的体力劳动身份，但是我酷爱跑步。

我跑过马拉松，速度为 6 分多钟每公里，也很喜欢每天通过跑步的方式锻炼身体，确保我有足够的精力来完成主业 + 副业带来的高负荷的工作。

很多人会认为，要完全把工作之余的时间用来探索自己的副业，才有可能把副业真正发展起来。这其实是错误的。也有很多人存在这样一个误区，认为自己忙到完全没有时间锻炼身体。

其实，如果想让自己处在良性循环中，同时做好主副业，一定要重视精力管理。我将会在本书的最后部分赠送我的“精力管理术”给大家。当然，我身边也有“脑力 + 体力组合”探索副业成功的例子。

我的朋友 G，本职工作是一名财务人员，她特别喜欢跑步，业余时间几乎都用在研究跑步和到处去跑马拉松上，前段时间还自学拿到了营养证书，现在从事的副业是教别人如何科学健身和饮食，从而达到塑身效果。

这就是“脑力 + 体力”的最佳组合，每一次见到她，都觉得她的状态特别好，也特别羡慕她，把副业做好的同时就已经是做好了精力管理本身。

接下来，我们来看第四种探索副业的组合方式：写作 + 教学 + 咨询组合。

五种方式当中，我最喜欢这一种，三种身份可以形成完美的循环推动。写作可以让我通过文字梳理并表达自己的观点，教学能让我通过说的方式分享知识并同时传达自己的能量，等经验足够又可以开展咨询。

我身边完全具备了这三种身份所需要的技能的人少之又少，一般情况下，从事培训工作、销售、咨询师或者教师工作的人，会比较容易从这个方式进行突破。

我的学员中有一个高中老师 Y，在约了我一对一咨询后，就定位在了这个组合中。

她通过写作，以文字的形式让更多的人知道自己。随后她学习了职业生涯规划，成为职业生涯规划师。一开始她靠给别人做公益咨询积累经验，随着能力越来越强，她开始收费，最高时可以收取高达上万元的咨询费。知名度越来越高的同时，Y 创办了自己的训练营和社群，也多次受邀到多个地方演讲。

对于大部分人来说，也许已经在自己的专业领域积累了很丰富的职场经验，但是写作和演讲的能力不足，无法很好地通过某些渠道分享出去。但对于 Y 来说，她早就在职业生涯当中将自己的写作和演讲能力锻炼了出来。一个人一旦能对自己所具备的知识进行梳理和整合，他的表达能力就能大大提高。

虽然我从事的不是教师工作，但毕业后一直从事与销售相关的工作，表达能力自然不差，再加上一直都很喜欢学习，自身的职业经验也很丰富，因此这个组合也非常契合我最开始探索副业时的状态。

最后，我们来看第五种探索副业的组合方式：一岗多职能。

一岗多职能是指一个岗位负责多个工作职能的内容。

先问大家一个问题，如果你的上司找你，问你想不想做小组长，带领几个同事一起做项目，你的第一反应是什么？

在工作到第三年的时候，我所在的部门开始尝试把员工分成两组，由组长带着进行全方位的对决。

组长是怎么产生的呢？自己主动申请。因为成为组长后，工资并没有增加，资源也不会有多少的倾斜，这就意味着，你的工作量要变大，但你不会获得额外的收益，所以部门的很多老同事都不愿意申请。我听到一些人私底下讨论：谁会这么傻啊？！

也许当时还年轻、有冲劲，我就主动申请当了组长。

在职场上，每个人都有大把的机会拿同样的工资，做更多的事。我相信大部分人会选择避免做更多的工作，我也不止一次收到读者给我的留言：公司又安排了一些分外的事给自己做，该如何拒绝？

如果你真的想让自己成为一个值钱的人，主动抓住机会吧。在你尚未能识别机会之前，每一个机会都可以试试看。就连识别机会的能力，也是在不断试错的过程中获得的。

我们要做的是想尽办法，提高自己的工作效率，把自己的工作做好之余，去寻找更多的可能。公司其实是挖掘自己的能力最好的平台，一是你可以借公司的势能，二是试错的成本很低，还有工资拿。

如果你的公司可以给你提供做项目，外出接触更多资源，成为组长的机会，你一定要牢牢把握住。因为这些机会不仅要求你有非常全面和综合的能力，而且也需要你涉入更多的职能领域，对你的能力锻炼有很大帮助。当你在职场上获得锻炼后，也就能为自己未来探索副业做好最充分的准备。

在担任互联网运营总监一年多的时间里，我从事过产品经理、项目经理、市场推广、数据分析等数项工作，正好也符合一岗多职能这一类型。

这也是为什么我在探索副业之旅上，会相对顺利很多，因为我已经做好了准备。

如果你暂时找不到副业探索的项目，还有一个最好的方法是利用好公司的平台，把工作当成事业来经营。

下面，我来总结一下本节的知识要点，帮助大家更好地吸收和掌握。本节一共分享了五种探索副业的方式，它们分别是：

1. 铁饭碗＋兴趣爱好组合，适合工作稳定、内心有想法的你；

2. 左右脑组合，适合理性与感性思维并存的你；

3. 脑力＋体力组合，适合爱运动的上班族；

4. 写作＋教学＋咨询组合，适合从事培训、销售、高校老师等岗位的你；

5. 一岗多职能，适合想深挖自己职业生涯的你。

朋友们，如果你正打算探索自己的副业，不妨试试从这五种方式中找到最适合你的一种！

最后，给大家布置一个思考和践行作业：

请结合自己的情况，从本节提到的探索副业的五种方式里找到最适合自己的一种，并写下你接下来的 1—3 个行动计划。

# 第2节
# 找准时机，开启副业赚钱之旅

我先来给大家分享两个故事：

A同学毕业近三年了，对自己的工作得心应手，也积累了一定的能力，工作之余有比较多的时间，因为还蛮喜欢自己的工作的，近期并无跳槽的计划。

B同学同样毕业近三年的时间，最近刚跳槽到一家新的公司，还在工作适应期，暂时还没有找到自己在新岗位的价值，压力也比较大。

请问大家，A同学和B同学，谁更适合探索副业？

我想很多人都会选择A同学。

副业赚钱这个概念火了之后，身边有太多的人想要探索自己的副业。但却有很大比例的人像B同学一样，明明自己的主业一团糟，却想着从副业上找到机会突破。我并不是说主业做不好，副业就一定不会有机会，而是说，如果你连主业都搞不定，你的能力和状态也很难支持你成功地探索副业。

所以，找准时机的第一点，你需要确认自己目前的状态。

简单来说，我们要先把自己的状态调整好，才能够抓得住外部的机会。

状态的维度，我会从时间、精力、价值感这三点进行展开，让大家真正明白并面对自己的现状。

首先，整理你的时间状态。

如果你在工作上驾轻就熟，已经很空闲了，时间对你来说不是问题。我们重点说说忙碌状态下该怎么办。你要理清一点，你是因为效率低而忙碌，还是效率已经很高了，但是工作量实在太大而忙碌。

如果是前者，你需要做的是提升能力进而提升工作的效率。

如果是后者，你未来是计划想要主副业一起发展的，应该尽快把正在从事的这份占用你大量时间的工作中的优势，比如资源、人脉、能力等，尽最大努力利用、发挥好。然后跳槽到相对空闲的岗位上，再考虑主副业同步发展。

在这世上，鱼与熊掌确实是无法兼得的，在不同时间段认清自己的现状，并不断调整自己努力的方向，才是王道。

其次，了解自己的精力是否充沛。

你有没有定期锻炼身体的习惯？

如果一份主业的工作，已经让你筋疲力尽，对许多事丧失了兴趣，你应该先重视自己的精力管理。

因为主业+副业同时推进，需要你拥有更好的精力状态。

这就像是你同时打了几份工一样，如果精力状态很差，只会搞垮你的身体。

近些年，我们频频听到一些创业者因为高强度的工作而失去了生命，所以，在梳理自己的状态时，一定要提醒你，你要学会精力管理。

关于如何做好精力管理，我将会在本书末尾赠送三个特别实用的方法给大家，教大家如何识别自己目前的精力状态，更好地管理自己的精力。

最后，明确自己正在做有价值的事情。

你正在做的事情，是否能够体现自己的价值？还是说，你只是为了拿一份工资在坚持做着无法体现自己价值的工作？

如何判断一份工作是否有价值呢？有以下几个标准：

1.你的工作本身存在提升的空间，并且你会愿意去研究如何才能提升；

2.你的老板愿意给你指导、建议和反馈；

3.如果工作做得好，你有升职、加薪的机会。

如果你能找到主业的价值，这个价值感也不需要你持续对工作充满着热情，而是你知道怎么做，能让自己更值钱，你也同样可以找到有价值的副业。

因为这一类人，他会习惯去为自己要做的事找到背后的驱动力。

可能你会说，我正是因为对自己的主业失望，才想去探索副业。

其实无论你做什么工作，都会遇到类似的问题。

如果你不提升自己的价值，具备解决问题的能力，工作一样会做不好。

找准时机的第二点，状态确认好后，充分利用好“二八法则”。

如果你已经完全准备好了，像开头故事版本中的 A，主业 + 副业的占比可以是 20% 的时间和精力花在主业上，80% 的时间和精力花在副业探索上。

你不必为自己花在主业上的时间太少而内疚，因为企业更看重的是你把工作做好。

这个情况下，你的心态必须调整成你是为自己的整个人生价值在努力的。

我的学员小东，就是属于这样的情况。

小东是一名体制内的员工，工作非常得心应手，在以往，工作空闲之余，他更多的是主动从单位里找事情干，因为他觉得自己还很年轻，不想被“温水煮青蛙”，变得对什么事都没有了追求。在接触副业这个概念后，他发现自己工作当中练成的 ppt 技能，很适合探索副业，于是开始在上班空闲下来的时间，大量研究 ppt 相关的教学技能，比如 ppt 通用模板的制作、ppt 实用技巧的整理等。

现在，他的副业有两个维度：一是一对一帮别人根据真实的应用场景制作 ppt，按份收费；二是设计了一套适合大众学习的初级 ppt 课程，设定了价格，大家自行购买和学习。

小东目前的情况是依然保持着主业 + 副业齐头并进的状态，主业的工作高效完成，副业的探索也在有条不紊地向前推进中。

另外一种情况是，如果你目前主业的状态还是一团糟，像开头故事版本中的 B，对于主业 + 副业的占比，建议你还是花 80% 的时间和精力在主业上，20% 的精力和时间去关注外部的机会并做对应的尝试。

把主业理顺的同时，你的能力会得到倍速的增长。而 20% 的时间去关注外部的机会，又让你随时了解动态，一旦有合适的机会，可以果断尝试。

我的学员 L 今年才刚刚毕业，无意中他发现有很多同事都在开展自己的副业，并且收入还超过了自己的本职工作。他非常焦虑，于是慌忙在朋友圈找了一个项目。交了一大笔钱后，他发现以自己的能力，根本无法做好项目，最后不仅亏了钱，状态也变得更糟糕。

如果你刚毕业不久，或者刚跳槽换了新的工作，建议你先把主业做好，不要一心想着探索副业。当然，在这个阶段，也不是完全不能探索副业，多出来的时间和精力，可以花在自我技能的提升上，随着能力的提升，为自己未来探索副业做好充分的准备。

如果你身边已经有很多人在探索副业上做了一些很好的项目，比如微商、社交电商等，而你也确实想让自己的人生多一些可能，这种情况下，建议你不要放缓主业的发展，有计划要跳槽的，也可以暂时留在原来的公司，在业余时间尝试去探索副业。刚生完宝宝的宝妈，也可以考虑一边带小孩一边尝试做副业。

严格意义上来说，做任何事情都不存在最佳时机，因为你做了选择后，也就相当于放弃了另外一种选择的可能。但是如果你足够成熟，你得想明白，比做选择更重要的是为你做的选择负全责，选择了，就努力做到最好。而且，没有任何人规定，选择了就只能一条路走到黑，如果选了一条确实不适合自己的路，及时止损，也是非常明智的一种做法。

以上就是我们本节的主要内容。本节的要点是：如何找准时机开启副业赚钱之旅。每个人先通过三个维度，分别是时间、精力、价值感来分析和确认自己的状态，然后调整自己在主副业时间和精力上的投入占比，而不是看到别人探索副业风生水起后就贸然加入，导致主副业都得不到好的发展，最后以失败告终。

最后，给大家布置一个思考作业：

根据本节中提到的“二八法则”，你计划如何对自己的主副业进行分配呢？为什么会选择这样分配？

## 第 3 节
## 三类身份，提升你的副业赚钱效益

接下来，我将从三类身份的角度，帮你提升副业赚钱效益，让我们在副业赚钱之旅上持续“升级打怪”。

就像主业上的升职加薪一样，每个人都期待自己做一件事，能够越做越好，探索副业也属于这个维度。

在这一节中，我将会把主业 + 副业结合在一起，告诉大家不同阶段的你，该如何升级式地探索自己的副业。

首先，我们来看看第一个身份：资源者。

资源者是指拥有资源的人。这个资源可能是你具备的技能，比如你是销售，具备很强的谈判能力；可能是你工作当中能连接到一些人脉，比如你是市场部经理，能拿到所在城市性价比很高的可以用来办活动的场地；也可能是你的时间，你可以决定自己把时间花在哪里。有些人虽然拥有资源，但还不清楚自己该怎么利用这个资源赚到钱，处在比较初级的副业探索阶段。

这个阶段更多的是去累积。

从技能部分来说，可以更加深入地去学习一些技巧，比如谈判技巧或学习一些有助于谈判能力提升的附加技能，如沟通技巧、心理学等。

从人脉部分来说，我身边有很多人有机会接触到很好的人脉资源，却从来不知道珍惜。

去年有个学员S，咨询了我如何才能更好地打造个人品牌。她的本职工作是市场部负责联络场地的一名员工，和她聊完后，我建议她留意这方面的人脉和资源的经营。果不其然，去年年底，她所参与的一些社群有许多人因为办年会需要找场地，她借此成功连接和认识了很多人，后来她把自己定位在了人脉经营这个维度上，知名度越来越大。

其实，这个阶段累积的能力，并不是说以后就只能定位在这个点上，你可以借此作为切入点，最终找到自己喜欢又符合市场的定位标签。

拥有资源者身份的人大部分比较年轻，毕业的时间在1—2年，赚取金钱的方式，大多是出售自己的时间。

出售自己的时间可能是主业上的一份工资，也可以是副业上按时间获得的一份收入，比如我的助理Emma，她在今年刚毕业时，主业是一家教育机构的运营人员，副业是我的私人贴身助理。两种身份两份工资，都是以出售时间的方式拿相对固定的工资。

在这个阶段，无论是主业还是副业，选择的空间较小，赚取的金钱也相对固定。

接下来，我们来看第二个身份：配置者。

配置者是指你对自身的资源，有随意调配的能力。

表现在职场上是，你对自己的工作得心应手，不怕丧失竞争力，你具备一定的能力，在职场上也积累了一些人脉。如果要换工作，不再需要通过常规投简历的方式去找工作。

表现在副业上是，你所具备的能力和资源，可以比较快速地转移到另一项副业中，并且可以同时进行多种副业身份的探索。

一般情况下，毕业 2—5 年的职场人士，会是配置者身份的拥有者。经过多年历练和经验的积累，无论在职场上还是副业探索上，会拥有比较多的机会；无论是什么机会，你都要非常明确自己的身份标签。

以我为例子，2015 年，工作之余，我先是大量阅读学习，后来无意中加入深圳当地的一个读书会，开始参与各种各样的线下活动；再后来，又发现了一个咨询师平台，以自己职场上的技能去申请成为行家，每个小时的咨询费用 69 元。

我在线上参加打卡型学习社群的同时，也花了很多的时间研究如何进行科学家庭育儿，并且把自己的经验分享到社群里，居然连接了当时打卡社群的主理人吉吉，她邀请我到她的母婴平台写育儿文章，每个月给我 2000 元的收入。

我在开始有副业收入的第二个月，所有副业收入加起来就突破了五位数。

在副业收入突破五位数的同时，让我对自己的主业也有了更多的期待，我不想继续待在当时的企业里养老。在朋友圈发布了自己的想法后，也发给了一直有联系的猎头表示自己有换工作的想法。在猎头和朋友们的介绍下，在短短两个月的时间里，我拿到了五个 offer（录用通知）。

这个时候，我同时开通了自己的公众号，把咨询费用由 69 元涨到了数百元，减少咨询约见者数量，把更多的时间花在了经营公众号上。同时，育儿的文章也在继续写着，每个月稳定拿 2000 元的稿费。

再后来，我开始了第一个以时间管理为主题的线上收费训练营。在那个阶段，我放弃了育儿文章撰写，把所有的业余时间花在训练营和做咨询上。

以我助理为例子，因为主业 + 副业都与社群运营相关，今年年初，她与我另一个助理联手打造了社群运营课，副业的身份也越来越多，当然收入的渠道也越来越多。

最后是第三个身份："资本家"。

"资本家"是指你不再只是通过自己的资源赚取收入，而是可以盘活身边的资源。

职场上体现为升职成一个区域或者是一家公司的管理者，你不再只是负责单一版块的工作，而是同时管理多个不同职能的部门，你可以调配整个公司的资源。同时，你不再只是单一的工资收入，而是可以通过自己的能力，持续完成公司的 KPI（关键绩效指标），相对应获取高收入。

副业上你不再只是单一地通过出售自己的时间获得收入，而是开始把自己的成功模式提炼出来，带动一批人一起做事。

在互联网时代，毕业 5 年以上的人士，更可能拥有“资本家”的身份。如果在传统企业，至少需要毕业 10 年以上。

这个阶段的你，应重点聚焦在个人品牌的模式化上。

我是从 2017 年 1 月份开始有了“资本家”的尝试的。

我建立了一个孵化式社群“价值变现研习社”，凡是参加这个社群的人，我会帮他们打磨课程，并在我的公众号、朋友圈进行推广，所有的收入都会进行分成。

在这个阶段，我不再需要亲自讲课，就可以获得收入。

本节提到了许多种我自己的副业收入渠道，我也会在之后“副业赚钱蓄水池：搭建你的多维收入渠道”一节里，对自己的收入渠道做一个全面的讲解。

以上就是我们本节的主要内容。本节的要点是：三类身份，提升你的副业赚钱效益。

这三类身份分别是：

资源者：有意识地积累你的副业能力和资源；

配置者：盘活自身资源，做好副业身份探索最佳配比；

“资本家”：盘活并孵化身边的资源。

三个身份，带大家升级式探索自己的副业。

最后，给大家布置一个思考和践行作业：

请结合本节的内容，对号入座，看看目前的你正处在哪个阶段，并列出自己相对应阶段的1—3个行动计划。

## 第 4 节
## 副业赚钱的三种复利思维

副业赚钱有三种复利思维，运用好这种思维，会让我们在副业赚钱之旅上更加事半功倍。

在分享每一个知识点之前，先让大家了解下复利的含义。

复利最常应用的领域是投资领域，比如你基金定投 1 万元，假设年投资回报率是 10%，一年产生了 1000 元的利息，下一年你的投资金额就变成了 1 万元 +1000 元，10% 的利息是 1100 元，这个就是复利。

我们本节的定义是很简单的，副业赚钱用到的复利是指，做一件事可以产生积累式效果。

我们先来看下本小节的第一种复利思维：复利思维之产品复利。

产品的概念是很广泛的，如果你是像我一样做知识付费的，那么你的内容是你的产品。

如果你是做母婴用品社交电商的，那么母婴用品是你的产品。

其实现在副业的选择是可以有很多的，所以选什么才是最关键的。

我所理解的产品复利只有一个标准：知行合一。

你只分享自己做到的内容。

你只卖自己用过的用品。

就拿现在很多人都在学习和考取从业资格的职业生涯规划师来说，以下两个故事就能很好地看出是否具备产品复利思维。

A 学员：

毕业10年，从业经验丰富，在职场上跳槽过、升职过、转行过，也遇到过各种各样的坑。

B 学员：

毕业 10 年，从业经验单一，一直在体制内工作。

我想请问大家，A 学员和 B 学员，谁更合适成为一个职业生涯规划师？

毋庸置疑，是 A 学员。

只有真正做到知行合一，你才能由内而外非常自信地把自己的产品分享给别人。

听完第一种复利思维后，我们再看下第二种：复利思维之能力复利。

几乎是每一天，我的公众号后台都会收到类似的提问：Angie，我很迷茫，我想改变，但是我不知道该做什么。

先分享蔡康永说过的一段话：15 岁觉得游泳难，放弃游泳，到 18 岁遇到一个你喜欢的人约你去游泳，你只好说“我不会呀”。18 岁觉得英文难，放弃英文，28 岁出现一个很棒但要会英文的工作，你只好说“我不会呀”。人生前期越嫌麻烦，越懒得学，后来就越可能错过让你动心的人和事，错过新风景。

我的学员 H，在体制内工作了 10 年后，对自己所做的工作产生了深深的厌倦感。

和她做了一场深入的交流后，才发现她最近参加了一次同学聚会，回来后就开始对周遭的一切尤其是自己的工作不满意。我一下子就明白了，她的厌倦感，更多的是来源于参加同学会后，受那些发展好的同学刺激，于是对自己产生了深深的不自信和对未知的迷茫，她不知道如果离开体制后，自己还能做什么。

她在体制内的 10 年，最大的问题是安于现状和不思进取，能力上和工作后的前三年没有太多的变化。

我的另一个学员 Q，在大学时期是学生会外联部部长，常常为学生会的活动去拉各种各样的赞助，毕业后进了同专业师兄的创业公司上班。创业公司工作的特点是每个人都是全能选手，在做好本职工作的同时，Q 会主动申请去帮助其他同事完成工作。或者是年纪轻轻就敢于负责整个项目的推进，在整个过程中，很容易使多种能力得到锻炼。

说实话，放在 10 年前，H 的工作绝对是周围人都特别羡慕的，但是现在 Q 尽管比 H 年轻很多，然而比 H 更加有竞争力。

比起找不到自己的兴趣更可怕的是不知道自己会什么。

比起不知道自己会什么更可怕的是不知道自己学什么。

还有一句广为流传的话，叫技多不压身。

当你迷茫、想改变、不知道做什么时，多掌握几种能力，总不会错。

该学习什么技能，建议大家从这三个维度进行考虑：

一个是你目前正在从事的工作需要用到的技能，如客服所需要的沟通能力，销售所需要的营销能力等。

第二种是一些底层技能，如时间管理能力、阅读能力等。

第三种是副业赚钱比较常用到的技能，如文案、写作、演讲等技能。

关于技能分类，以及如何进行学习，我会在之后的“技能实战篇”有更详细的分享。

最后一种复利思维是“成就套路”复利。

这个套路，并不是大家理解意义上的贬义词，而是指取得成功的套路，或者说做成一件事所用到的思维、方法、流程等。

我自己第一个最赚钱的副业项目是开设了时间管理特训营。2016 年 4 月，在做了多次公开分享之后，我常常收到一些听众给我留言，问能不能向我系统学习时间管理的整套方法。

被问得多了，我萌生了一个想法，那我就做一个社群吧，把想要学习的人集中在一起，我来授课，大家在群里可以互相交流，遇到难题了我可以帮忙解答。

因为是第一次开设训练营，当时身边也没有其他人做过类似的事情，说实话我内心也是有些怕的。印象很深刻，我写好了招生文案后，和我的老公说，如果能招到 30 个人，我们就把这个训练营开起来。

没有想到文案发出去不到半个小时，我招到了 200 个人。

说实话，当时我是吓了一跳的，不过很快就镇定下来。报名的两个学员主动找我做群助手，很快这个训练营就成型了。

在那之后，我把做这个训练营的所有流程、方法、人员的配置全部梳理了一遍，用同样的方式举办了一个又一个训练营，并且不断地在第一个训练营的基础上升级、改良，都很成功。

截至 2019 年 3 月，这个训练营已经举办到了第 18 期，全网听过我课的人已经破了百万。

这只是我使用成就套路的一个点，除此之外，我的书的写作、我的课程体系的梳理，都是在用“成就套路”复利思维。

当你做成功了一件事后，要养成去归纳、总结出套路的习惯，下一次做另外一件事时，也别忘了从之前的成就套路里找些通用的方法。

被誉为“管理大师”的德鲁克先生，他坚持每三年就要学习一门新学科，这样的习惯使他学习了经济学、心理学、数学、政治理论、历史及哲学等众多知识。新的知识一开始对任何人来说都很陌生，和所熟悉的知识、专业相隔很远，甚至有点风马牛不相及，很多时候我们还会抵触。但这种带着以前的学习方法，重新清零吸收新知识的思考状态，会让我们的眼界越来越开阔、思路越来越宽广。

我身边的牛人，向来都是广泛探索，挖掘一个自己最擅长的兴趣后进行聚焦死磕，做出一定成就后，跨界接触各种领域的知识，这些知识又反过来让自己对聚焦的兴趣有了更好的认识。

以上就是我们本节的主要内容。本节的要点是：副业赚钱的三种复利思维。

它们分别是：

产品复利：持续分享知行合一的产品。

能力复利：技多不压身，掌握真正有用的技能。

"成就套路"复利：找到做成一件事的底层逻辑。

最后，给大家布置一个思考和践行作业：

请对自己过往做成功的事做个总结，并挑出一件有成就的事情进行分析，列出做成功这件事的三个最关键因素。

## 第 5 节 投资型 or 消费型思维，拉开你和穷人的差距

我们先来看下本节的第一个知识点：确认自己是什么思维类型的人。

自我投资思维相信大家都有，不然大家也不会来看这本书。

但开始投资自己这个行为本身，只是投资型思维的第一步。

投资型思维是需要闭环的，稍微不留神，就会变成消费型思维。

我来给大家讲三个故事：

A、B、C 三位同学同时购买了我的这套副业赚钱课。

A 同学买了课之后，兴致勃勃听完了第一节，觉得挺实用，但没有做任何笔记，也没有把课上说到的好办法与自己的实际情况进行思考和总结，甚至是听了第一节课后，就再也没有点开之后的课往下听。

B 同学买了课后，把整套课从头到尾都听完了，也做了笔记，但是没有与自己的实际情况做任何的联系，也没有去思考自己下一步该怎么做，课程听完就算了。

C 同学买了课后，认真了解了整套课的更新节奏和目录，为这套课预留出学习的时间，并写入计划里，每一次听完课，认真做笔记，并列出自己的行动计划。

现实当中其实还有更多故事，但我相信这三个足以涵盖 90% 的情况。

C 同学才是真真正正的拥有投资型思维的人。

你是这三个故事当中的哪位同学呢？

简单来说，消费型思维的人，看重的是买买买本身；投资型思维的人清晰地知道，买买买只是第一步，买之后的投资回报才是重点。

我希望你对号入座，并认识到自己的真实状况。

除了听课，还有很多行为可以区分出投资型思维和消费型思维的人。

比如买书，很多人只买书、晒书、囤书，却看不完一本书。

我以前也很喜欢在当当网满减活动时买书和囤书，还傻傻地自我暗示买了就已经是看过了这本书，这就是很典型的消费型思维的人。

而现在，我再也没有参加过任何满减活动，而是想看什么书就直接去买，反而更容易看完。

确认自己是什么类型思维的人，才能面对真实的自己，找到改变的开始和内在驱动力。

听完第一个知识点后，我们再来看看第二个知识点：投资型思维最重要的三个点是什么？

它们分别是：

自我投资哪个领域？

本次自我投资的目的是什么？

如何才能达到自我投资效果？

以现在很火的知识付费为例，你会不会觉得，上的课越多越焦虑？

那是因为我们并没有想明白，自己为什么要上这个课。

我相信，大家看这本书，所产生的效果也不会是一样的。

每一次进行自我投资时，我们都要问自己这三个问题。

投资领域的问题，表面上看是为了解决我们为什么要学，更重要的是提示我们的学习内容是否在一个主线上。

自我投资的目的，是为了让我们为这一次的学习定一个目标。

还是拿这套课为例，这套课是讲副业赚钱的，我们学习的目的如果是为了学如何扩大自己的副业收入渠道，那我们听课的时候，需要重点留意能让我们拓展收入渠道的方法和案例。

简单来说，带着目的和问题去学习，更能留意到解决问题的答案。

如果没有这样的思维，你就会觉得什么都想要，最后什么也拿不到。

我的朋友 G 是这方面的高手，她无论是读书还是上课，都一定会在学习之前，确定这一趟自我投资之旅需要解决的问题，有了这样的思维后，她的做事效率非常高。

还有一点是如何才能达到自我投资的效果，非常简单，你要去行动。

一套课程哪怕有一个点触动到你，让你有行动并有收获，这套课程就值了。

你可以用我的这三个点，去对照自己的每一次投资行为，也可以为你自己的投资行为去建立适合你自己的对照清单，这样才能确保自己的投资有真正的效果。

第三个知识点：我们要带着赚回投资的钱的目的去做事。

简单来说，假设我们花了 200 元购买一套课程，好好消化，将课程内容吸收掉，是一种最简单的投资型思维。除此之外，我们还需要有把 200 元赚回来的终极投资型思维。

第一个可以赚回 200 元的方法非常简单，把这个课程推荐、分销给我们认为适合听的人，只要他们购买了，就会有直接的收入。

第二个方法是，从本套课程当中，找到一个适合自己的点，开始行动起来，比如后面会讲到的“如何通过运营打造高价值付费社群，实现副业赚钱”这节，如果你在看完后也建立了属于自己的社群，别说是赚回 200 元，数十倍赚回自己的报名费都是很正常的事。

我相信这几年大家都参加过很多各种各样的课程、社群，我也不例外。最开始我是不具备赚回钱的投资型思维的，但有了这个思维后，我会开始留意每次课、每个社群里的赚钱机会。

可能你会说，总是谈钱会不会俗？只是谈钱就很俗，但谈钱的同时你能提供物超所值的价值，相互赋能，不但不俗，还很棒。

去年，我参加了一个有众多“大咖”的社群，入营的费用也不便宜，一开始我还挺焦虑的，找不到很好融入整个社群的点，后来是在这个社群的一个小分支机构里，发现大家对如何做训练营有很大的兴趣，却不知道怎么做，我分享了自己的方法给大家，那天，光是收到的红包，我就赚回了报名费。再加上还有几个人私底下付费向我咨询一些操作上的细节问题，整体而言，我赚的钱是报名费的数倍。

后来，我也建立了一个半年制的“价值变现研习社”，里面有个学员 P，她做微商已经有近两年的时间，在学习完我的整个社群运营思路之后，她以同样的思路快速建立了一个面向微商的一年制社群，为社员提供一些像时间管理、演讲、朋友圈营销等技能的学习和练习场域，短短 10 天的时间，就收到了两万元钱的报酬。关于如何建立社群，我将会在后面的课“如何通过运营打造高价值付费社群，实现副业赚钱”中详细展开。

最后，值得提醒大家的是，在自我投资上，我们也要有一个理性认知，即任何一套课、一本书都不可能解决你的所有问题。希望这节内容能成为补齐你有关副业赚钱领域知识的起点，在之后的自我投资上，遇到相关的知识，请继续深入学习。

以上就是我们本节的主要内容。本节的要点是：

第一，通过我分享的 A、B、C 三位同学的故事，确认你自己是什么类型的人。

第二，投资型思维最重要的三个点：

自我投资哪个领域？

本次自我投资的目的是什么？

如何才能达到自我投资效果？

第三，我们要带着赚回投资的钱的目的去做事。

最后，给大家布置一个思考和践行作业：

回想一下，在过去的自我投资当中，有哪一次你赚回了投资的钱以及你用了什么方法赚回了这次自我投资的钱。

# 第6节 有钱人和你想得不一样：思维 > 注意力 > 时间 > 金钱

思维 > 注意力 > 时间 > 金钱，这个简单的公式直接表明了我对思维的重视程度，所以我把思维放在了这四个关键词的首位。

看到这里，我想先请大家做一件事，如果让你来排序，你会怎么排？

我相信很多人会把金钱排在靠前的位置，至少不会排在最不重要的位置。

有没有想过自己为什么会这么排？

这个问题，先放在这里，我们先来了解这四个关键词的意思。

思维是指你怎么想，以及你有没有建立对一个问题产生怀疑和思考的习惯。

注意力是指你在做一件事时，是否全身心投入去做，还是只是很努力而已。

时间是指，你愿意花多少时间去做一件事。

金钱是指，你愿意花多少钱去做一件事。

时间 > 金钱是什么意思呢？

先来讲两种场景，哪个版本更符合你？

场景一：你的朋友给你打来一个电话，你放下手中的工作，陪她聊了一个小时，放下手中的电话，你感觉有些不舒服：哇，怎么已经 4 点了，不知不觉又聊了一个小时，今晚肯定要加班了。你回到了座位，开始专注自己手头上的工作。

场景二：一个朋友给你发来一条私信：Hi Angie，我最近手头有点紧，能否借我 500 元？你内心的想法是：哎，上一次借的 500 元还没有还，这一次还是先别借给她好了。于是你回答：不好意思，我最近手头也有点紧！

假设你一小时值 500 元，当有人向你借一个小时或者 500 元时，大部分人更乐意借别人一个小时。也有人说我不会这样啊，那我问你，如果别人占用了你一个小时的时间，你会想要回来吗？

如果是可以衡量的金钱，你肯定会有想要回来的念头。我们经常听到谈钱伤感情，却从来没有意识到谈时间对自身价值的伤害。

在有些人的思维里，钱还是比时间贵。

再来讲一个故事：

小玲的副业是一名咨询师，每个小时的费用是 300 元。在副业还没有开始做咨询之前，她把自己工作之余的时间都花在了做家务上。开启副业之后，发现自己的时间不太够了，做了家务就没有时间做咨询，做了咨询就没有时间做家务。

如果你是她，会怎么做呢？

其实非常简单的做法是，把家务外包，每个小时只需要 50—100 元，就可以请到阿姨把家务活做得妥妥帖帖。

但是小玲一开始却舍不得，觉得 100 元也是钱，她挤压了自己的休息时间，最后发现越来越累，家务做得很不开心，咨询工作也因为休息不够，注意力无法集中，来访者也很不满意。

最后，她才决定花钱请阿姨做家务。做了这个决定后，小玲觉得全身心都很放松，咨询工作也做得特别顺手。

为什么很多人会把金钱排在时间前面？除了金钱是看得见的，而时间却是无形的之外，还有一个很重要的原因，我们不重视自己的时薪。

听课的你，知道自己的时薪是多少吗？

无论是从事主业还是副业，都应该算自己的时薪。

假设你每天平均工作 10 小时，每天的平均收入是 1000 元，那么你的时薪就是 100 元。你可以算出自己主业的时薪，也可以算出自己副业的时薪，算法都是一样的。算出自己的时薪后，很多的做法就会发生变化了：

第一，如何判断一件事该不该外包？只要外包的成本低于你的时间，就应该毫不犹豫地选择外包。

第二，如何判断该不该跳槽？假如你现在做着的工作，每天工作 6 小时，每个月 8000 元，有一份工作每天工作 12 小时，每个月 1.2 万元，在知道了时薪概念后，你还会纯粹因为月薪变高了而跳槽吗？

第三，你的时薪算出来后，还会轻易想要浪费自己的时间吗？

接下来，我们来看第二个公式，注意力 > 时间。

先来分享李笑来在他的畅销书《把时间当作朋友》中提到的一个观点：

想象有一家银行每天早上都在你的账户里存入 86400 元，可是每天的账户余额都不能结转到明天，一到结算时间，银行就会把你当日未用尽的款项全数删除。这种情况下你会怎么做？

当然是每天不留分文地全数取出！

其实我们每个人都有这样的一个银行，它的名字叫时间。

每天早上时间银行总会为你在账户里自动存入 8.64 万秒，一到晚上，它也会自动地把你当日虚掷掉的光阴全数注销，没有分秒可以结转到明天，你也不能提前预支片刻。

简单来说，就是时间是不可逆的，如果你浪费掉了，也就没有了，所以要学会带着专注力去做事情，尤其是做重要的事情。

这也是为什么很多人在 30 岁、毕业 10 年这些人生的关键节点突然想明白一些问题时，会觉得恐慌。我们身边有太多的朋友，时间是很多，但是注意力不够，一天到晚只是虚度光阴而已。

最后，我们来看思维 > 注意力是什么意思。

一个最理想的状态是，我们做任何事都保持注意力的高度集中，但是这样做其实会很累。

所以思维的含义是，不断提升自己的认知，从而做出越来越多正确的判断和选择，再把注意力放在这些重要的事上。

这也是为什么近几年，有非常多的人反复强调认知的重要性。

所以，我希望大家一定要养成勤思考的习惯，多问为什么，形成自己的一套判断准则。

其实，无论什么时候，我们都不怕做错选择，怕的是做错选择后不去思考背后的原因，也不去为自己的选择慢慢建立标准，为自己下一次的选择去规避掉一些风险。

其实以上所有的内容如果我们能理解到位，都在表明思维力明显重要于其他任何一个维度。

虽然注意力、时间、金钱这三个词没有变化，但是我们看待它们的态度和之后的行为方式都会深深发生改变，不会再时刻觉得只有金钱才是最重要的。

到这里，我想再问大家和开头一样的问题：如果让你来排序，你会怎么排？为什么会这么排？

希望我们都能做出正确的排序，在做任何一件事时，懂得不是一味地只看到金钱，而是懂得思考，并且合理分配自己的注意力到最重要的时间里，才能逐渐把事情做到最好。

以上就是我们本节的内容。本节的要点是：

第一，要弄明白思维、注意力、时间、金钱这四个关键词分别代表什么意思。

第二，在时间 > 金钱这个公式里，每个人都要试着去算出自己的时薪。

第三，在注意力 > 时间这个公式里，时间是珍贵的，但如果不加上自己的注意力，时间再多也无意义。

第四，思维 > 注意力是指，我们无法时刻保持注意力，还是要通过思维的提升去抓住更多重要的事。

最后，给大家布置一个思考和践行作业：

上文我们提到了每个人都要关注自己的时薪，那么你的时薪是多少？请试着算一下，然后，问一问自己：你会用一种什么样的方法来提升自己的时薪？

# 第 7 节
## 先天 + 后天，唤醒你的赚钱优势

我们先来看下本节的第一个知识点：三个维度，带你通过先天优势，来挖掘你的赚钱优势。

第一个维度，回忆我们从小就喜欢做的一件事。

在思考这个维度的问题时，一直都得不出答案，于是我重新把自己从小就做过的事一件件地写了下来，画画、做衣服、跳舞，都一一被我否决了，最后写到阅读时，我的笔停了下来。就是它，我从小学开始就喜欢阅读，虽然毕业后因为工作的原因停止了阅读，但在怀孕那一年又重新开启了这个爱好。

第二个维度，想想我们做起来最开心、最享受的一件事。

对我来说，这件事是分享，我常常在状态不好的时候，给别人做个咨询或者是讲一节课，就满血复活了。

其实在最开始，我并不太擅长分享，尤其是讲课，我是广东人，普通话又不是很标准，但是我真的很喜欢、很享受做这件事。

我曾经试过一个月讲了25节课，讲到喉咙冒火，但是状态却很好。

做知识付费以后，除了有很可观的收入之外，因为享受表达这件事，无论是心态、情绪管理能力，都强了很多，我想这和我一直在做自己喜欢的事有很大的关系。

我的私人穿搭师妮妮，她最享受的事就是让别人变美，我能看到她在做这件事时，眼里是带光的。

仔细回忆，曾经有哪个场景、片段，哪件事让你想起来都特别开心和幸福，这件事就是你最享受的一件事。

第三个维度，我们最擅长做的事。

最擅长是指同样一件事，不一定是自己最喜欢的，但做起来就是比别人上手要快。

在这件事上，我的是销售的能力。

我身边有很多人都很棒、很厉害，但是却不懂得营销自己。

我属于非常普通的一类人，但是我会有意识地营销自己。

这可能和我是市场营销专业毕业并且毕业后一直从事营销性质的工作有很大的关系。

在我上班的第二年就发生了一件比较有意思的事：公司举办年会，我们部门要演一个小品，角色是一名销售员。小品的主旨是主角觉得自己的销售能力很强，更重要的是，她还要大家都认可她这方面的能力。最后大家全票通过，一致选我来演这个小品的主角，因为我在部门里的销售能力最强。从那之后，我才意识到自己很擅长销售。

每个人擅长做的事一定是不一样的，除了去想自己擅长什么，我们还可以从同事、朋友口中，知道自己最擅长做的事情是什么。

还有个非常简单的办法，你可以在朋友圈发布一条信息，让朋友们评论你身上最强的能力有哪三个。频率出现最高的那个能力，会是你比较擅长做的事。而且你还可以从朋友、同事口中得知自己原来还是有挺多优点的。

向我咨询的学员里，很多人常常会忽略重新梳理自己的重要性，我希望大家看完这节内容后，可以找一个安静的周末下午时间，从爱好、开心、擅长的角度出发，对自己过去的人生做一个好好的复盘。

如果以上三个维度，都没有办法给你带来启发，那你需要把挖掘优势的重点，放在后天的践行当中，在行动中去发现自己的优势。

我还发现，在探索兴趣的路上，大多数人有以下三种现象：

花大量的时间、做大量的测试挖掘自己，最后变成“道理懂了那么多，却依然过不好这一生”；

三天打鱼，两天晒网，因为没有人能告诉自己做的事情是否正确，下不了完全的决心去坚持做一件事，结果往往半途而废；

总是想寻找捷径，最后所有的时间都花在了学习方法论上，几乎没有几件事落实到行动中来。

接下来，我们来看看如何通过后天的行动，来发现自己的优势。这个后天的行动，我取了个名字，叫“环境参与法”。

2016 年 12 月，我的副业收入突破了 30 万，在分享这个好消息给当时正在参加社群的其他成员听时，那个社群所在的群主，马上邀请我在社群里做了一场分享。

我分享了自己做训练营的方式给大家后，当时有两个朋友私聊我说，没有想到我的这种方式，既能赚到钱，还能帮助到很多的人，这是一份多么棒的事业。

当即，那两个朋友按照和我一模一样的形式，把训练营做了起来，其中有一个朋友公众号的粉丝比我还要多，现在每个月的收入比我还要高。

这个就是环境参与法。你根本不知道这个世界上还有其他人用你完全想不到的方法赚到了钱，但是如果我们和对方在同样的环境里，看到了，就一定会相信。

这个情况，同时发生在我所孵化的社群里。我的社群成员基本上是以半年为一个周期改变的，非常明显的特点是，很多人报名时，会因为自己不够优秀而犹豫，半年过去后，才发现自己比想象中优秀太多。

因为他会在这个社群的环境里，看到一些比自己走得稍微快一点的人，对方是怎么做的，然后自己可以从模仿做起，再一步步摸索出属于自己、适合自己的方式来。

我的社群成员 D，她在美国工作，MBA（工商管理硕士）也是在美国读的，她的主要副业标签是目标管理导师。在接触我之前，她根本没有想到国内的知识付费发展得如火如荼；知道了我之后，她迅速加入了我的“价值变现研习社”。她的内容产品虽然用的是一些美国的先进理念，但方法全部用的是她在这个社群环境里看到的方法，现在，她每个月的副业收入都有五位数。

这是线上的环境。除此之外，还有线下的环境。

2015 年年初，我开始接触深圳当地的一些读书会。在参加读书会的活动之前，我每天的生活就只有孩子、老公和工作。在接触了读书会后，我主动申请成了读书会分享的嘉宾，虽然讲得不是太好，但那几次分享，确实让我意识到我特别喜欢表达自己。

后来，我还主动申请成为读书会的志愿者，并且在短短一个月的时间里，全程负责办了一场线下活动，四场线上活动。活动办得都不错，借此我发现自己在运营上也有天赋。

我鼓励大家，多去接触一些能进行深度链接的线上、线下社群。只有你看到别人的 1000 种活法，你才有机会活出第 1001 种活法。

也别怕自己什么都不会，只停在观察和想象中，真的就会处在什么都不会的阶段。

去成为环境中的一个角色吧。

以上就是我们本节的主要内容。本节的要点有两个，分别是:

一、三个维度，分别从你的爱好、享受、擅长做的事情里，挖掘先天优势；

二、后天探索，通过环境参与法，多去直接参与线上线下的社群和活动，看到优秀的人做到了，你也会更容易相信并且做到。

最后，给大家布置一个思考和践行作业：

读完后天探索的方法后，无论是参加线上的社群，还是线下的活动，找到一个你最欣赏的人，主动连接他并向他学习。

# 第 8 节

## 一个清单，算出你的赚钱优势排序

首先，通过上一节内容，如果你找到的兴趣只有 3—5 个，第一步是直接把具体的 3—5 个兴趣列下来。拿我自己举例子，我的是时间管理、写作、人脉经营和完美主义四个点。

值得注意的是，如果我们列出来的就只有一个，那接下来要分享的方法对你的作用暂时没有那么大，因为你不需要通过优势表格法来进行排序和识别，但这个方法可以先了解一下，因为等我们想做的事情越来越多后，就一定会用到这个优势排序法。

接下来，以我自己为例，将会从以下五个维度，理性衡量我在时间管理、写作、人脉经营和完美主义上的投入。这五个维度分别是：

时间：你真实投入到每个兴趣当中的时间值。

金钱：你愿意为这个兴趣爱好付出的金钱是多少，比如说报课程、购买兴趣相关的产品。

状态：你在做这件事时，你内心真实的感受，也可以叫心流。心理学家齐克森米哈里将心流定义为一种将个人精神力完全投注在某种活动上的感觉。心流产生时，同时会有高度的兴奋及充实感。

交流：在和他人交流时，你总是会想要提起的话题。

分享：你最喜欢的演讲分享主题。

**算出你的优势排序**

| 优势表单算法 | | | | | | | |
|---|---|---|---|---|---|---|---|
| 优势 | 投入：投入回想 / 投入记录 | | | | | | |
| | 金钱 | 时间 | 状态 | 交流 | 分享 | 合计 | 排序 |
| 写作 | 40 | 40 | 50 | 20 | 20 | 170 | 2 |
| 时间管理 | 30 | 40 | 40 | 70 | 70 | 250 | 1 |
| 人脉经营 | 30 | 10 | 10 | 10 | 10 | 70 | 3 |
| 完美主义 | 0 | 10 | 0 | 0 | 0 | 10 | 4 |
| …… | | | | | | | |
| 合计 | 100 | 100 | 100 | 100 | 100 | | |

按一个月为周期，每个兴趣优势在金钱、时间、状态、交流和分享上的纵向分数加起来分别都是100分。

接下来，我将以金钱在时间管理、写作、人脉经营和完美主义这四件事上的投入为例子，让大家更好地理解这个表格。

简单来说，就是假设我们在时间管理、写作、人脉经营和完美主义这四件事上分别投入30元、40元、30元和0元，那么按百分比来算，四件事的得分比分别是 30%、40%、30% 和 0%。

金钱的投入，包含你花在买书、买课、向人咨询等维度。

当然，有时候我们无法区分得很清楚每一项的投入，大概数值也是可以的。

时间、状态、交流、分享上也是同样的算法。

通过这种方法，真实看出每个兴趣在时间、金钱、状态、交流和分享上的分配情况，最后会得出一个分数，从而得知什么样的兴趣值得自己持续性投入。

拿我自己为例子，时间管理、写作、人脉经营和完美主义这四件事上，在没有用这个表格之前，我以为写作会排在前面，完美主义会分数很高。

用了这个表格后，发现自己内心最想做的事还是和时间管理相关的践行和分享，这是我的热情和优势所在。

同时发现，在做人脉经营这件事时，我自己内心其实是不太喜欢的。

而且因为这个表格，我会有意识地减少完美主义的念头，所以完美主义的分数很低。

也就是说，这个表格不单可以算出我们近期的最优势投入排序，还能帮助我们发现一些问题和戒掉一些坏习惯。

我曾经和学员小兔分享过这个方法。她通过这个表格，发现自己对手账有极其大的热情，非常愿意投入自己的时间、精力和金钱等在手账上，最后确认这件事为自己的副业，现在她是圈子里比较有名的手账达人。

那是不是有了这个排序后，就全身心地去做最有优势的事情就好呢？当然不是，针对优势投入，还有一点需要大家注意的。

也就是“二八法则”的新用法：80% 的时间，投入到你最感兴趣的事情当中，20% 的时间探索人生边界。

80% 的时间投入到你最感兴趣的事情当中。

找出你最感兴趣的事情后，接下来你需要把最感兴趣的事做成一个成就事件。

通过第一种方法，先找出你最感兴趣的事情，在接下来的时间里，花 80% 的时间，把这个兴趣打造成成就事件。

为什么是 80% 的时间？我们每天的时间是有限的，既然找出了最感兴趣的事情，全力聚焦地打造才有可能提高做成一件事的概率。

20% 的时间不断开始新的尝试：不停止探索人生的边界。

这种探索有两个意义：

一是不断保持对外界的敏锐观察力，避免落伍；

二是时刻保持试错状态，为做成下一件最感兴趣的事情做好事先准备。

新的尝试最关键的作用在于提醒自己，我们不能一直处在原有的知识框架、系统当中。

在整个坚持过程中，我们也需要一些新鲜的血液和灵感，让我们能够不脱离趋势地坚持自己的兴趣。

20% 的时间不断开始新的尝试，还能够引领自己从这些尝试当中找到新的兴趣，或者是找到旧有兴趣当中的新灵感。

比如说我的时间管理特训营是我最感兴趣的事情，与此同时，我还会隔段时间分出一些精力做一些全新的尝试，比如说开通新的平台、持续设计课程、组织线下的活动等等。

人生的边界是在不断探索的过程当中打开的，这个探索一旦上瘾，会形成正向循环，根本就停不下来。

兴趣太多，别再说要做减法了，试着找最感兴趣的事情，把 80% 的时间放在上面，再抽出 20% 的时间，不断探索人生边界吧。

以上就是我们本节的主要内容。本节的要点是：

通过上一节内容找到自己的几个兴趣点后，算出每个兴趣在金钱、时间、状态、交流和分享上的投入，最后得出一个分数来。同时，80% 的时间，投入到你最感兴趣的事情当中；20% 的时间探索人生边界，去发现更多的可能。

最后，给大家布置一个思考和践行作业：

请结合表单清算法，算出你的优势排序，找到你最愿意投入的一个优势作为你之后努力的方向。

另外，关注我的公众号后，在后台回复“优势”即可下载计算优势的 Excel 模板。

# 第9节 精准定位出可以赚钱的三大优势标签

我们认识一个人，对对方的印象，除了对方的外貌之外，还有一个很重要的维度，是对方身上的各种标签。

举个简单的例子，我去参加一场活动，在自我介绍环节如果我只是说自己叫 Angie，我相信大家不单记不住我的名字，对我也不会产生任何的兴趣。

但是如果我顺带说出一些适合活动场合的标签，比如说我参加的是知识付费的场合，在做自我介绍时，我说在过去一年的时间里，全网有超过 100 万人听过我的知识付费课程，相信大家马上就能记住我。

在本节中，我将从身份标签、能力标签、市场标签三个维度出发，带大家重新梳理自己的定位，让大家的标签自带“吸金力”。

我们先来看下第一个优势标签：身份标签。

身份标签主要是从我们的职场、生活和专业三个维度出发，找到自己身上的标签。

以我自己为例子，在职场上，我的标签是互联网公司运营总监。

最开始探索副业时，我是在外企当项目经理。

因为已经做了一段时间，对工作相对驾轻就熟，主副业其实平衡得还算不错，所以当有机会要跳槽到互联网公司当运营总监时，我是犹豫的，因为如果跳槽过去当总监，虽然工资能涨一些，但工作会更忙，可能就没有办法兼顾好自己的副业了。

不过，思考再三，我最终还是决定跳槽过去，原因很简单，我需要运营总监这个岗位为我背书，并且运营总监的岗位对我未来的创业也会有更大的帮助。

我们每一个想要探索副业的同学，如果你有机会在职业上往更高的岗位走，我建议你不要放弃。

那么，会不会有一种情况是，职场上并没有什么好的标签可以为自己做副业背书？我先来分享我的学员 M 的故事给你听。

M 在向我描述她的职业生涯时，说得云淡风轻，在二三线城市的企业里做着电商运营工作，她对这份工作特别厌倦，想要转行。

深入交流后，我发现 M 所在的企业是一家上市公司，而她做电商运营的工作已经有三年多的时间了。在我的反复指导下，她才想起来，其实每一次大家问她与电商运营相关的知识时，对她的专业能力都是赞赏有加的，而她自己却不以为意。上市公司三年电商运营从业者，这就是她很棒的职业标签啊。

我身边还有很多这样的学员例子，因为对自己的职业生涯不满意，进而不去梳理自己的职业生涯标签，但这个其实是反映个人能力非常重要的因素之一。当然，如果职业生涯确实无可取之处，要不就是争取在职业岗位上的提升，要不就是去学习和考取职业之外的专业证书，这个是属于专业角度上的身份标签。

在生活上，我是两个宝宝的妈妈。

可能你会说，宝妈多么普通啊。首先我想说，宝妈真的很不普通，每一个能当好宝妈的人，都是能力超群的人。所以如果你是宝妈，在副业标签上，大胆地写出来。

我因为这个身份，吸引了许多和我同频率的宝妈来到我的身边和我相互赋能。

在专业角度上，我是职业生涯规划师。

像我的私人穿搭师妮妮老师，她的专业身份是国际高级形象顾问。

现在还有很多这样的考证机构可以进修，每个人可以根据自身的实际情况参加获得。

身份标签的意义是让大家在看到我们这些标签时，能产生身份的认同感。这份认同感，可能是来自于和你一模一样的身份的人，比如同为两个宝宝的妈妈；也可能是来自于对你所拥有的身份的好奇和向往，比如我是互联网运营总监，很多人都对运营岗位充满了向往；也可能是有人遇到了相对应的困惑想向你寻求一些帮助，比如我是职业生涯规划师，很多人会付费向我咨询一些问题。

讲完第一个知识点后，我们再看下第二个优势标签之能力标签。

我们向别人展示自己的能力的最主要目的是吸引大家对我们的注意。

从能力的角度来说，有些能力是自带宣传优势的，比如美学行业的形象顾问，本身看起来就很美。

但大部分能力是隐性的，如果不说，大家是看不出来的，拿我自己来说：

我是 10 年互联网行业从业者，可以说是从互联网刚兴起时，就已经开始接触了，是互联网行业老兵。这是我在互联网方面的能力。

我是青年作家，因为写了一本畅销书《学习力：如何成为一个有价值的知识变现者》，成了畅销书作家，同时获得了当当网“年度十大新锐作家”的称号。这是我的写作能力。

我从刚毕业开始，就有上台做演讲的经验，我在 23 岁时就给 400 多个企业家做过广告产品制作的演讲。这是我的演讲能力。

但这些能力都是隐性的。

第三个优势标签是市场标签。

简单来说，市场标签包含两个维度：一个是指属于我们自己的产品的市场标签，另一个是指你拥有的市场上被认可的平台上的身份标签。

从产品的角度出发，如果你是面膜微商，正在销售的面膜是你的产品。

如果你是像我一样的知识付费从业者，简称知识微商，正在售卖的课程是我自己的产品。那么，从平台身份标签的角度出发，我自己是“在行”咨询平台全国排名第一的行家。

在罗列自己的市场标签时，要注意进行自我包装，或者是包装所做的产品，比如我的“时间管理特训营”，帮助上万人提升人生效率，微博话题热度 500 万 +。或者是包装自己在市场上被认可的平台上的人气。比如我的好朋友 K，他把自己打造为“在行”平台运营类全国排名第一的行家，也就是不一定要全品类第一，可以找到细分的切入，成为单品类的第一名。

最后，我来总结一下，优势标签其实有两种呈现方式，一种是做自我宣传时一整排排下来，以我自己为例：

我是：

两个宝宝的妈妈，

互联网公司前运营总监，

职业生涯规划师，

畅销书《学习力：如何成为一个有价值的知识变现者》的作者，

“在行”全国排名第一的行家，

……

这种标签，可以用在公众号、朋友圈以及社群做自我介绍时，配上自己的形象照，视觉效果会非常好。

另一种，是一句话式的优势标签，更适合去参加一些社交场合时做自我介绍用。就拿“全网有超过 100 万人听过我的课”这句话为例，可以听出我的身份标签是讲师，我的能力标签是会演讲，我的市场标签是全网学员有 100 万人。

我们不怕自己的标签不够好不够有说服力，只要有打造优势标签的意识，标签会渐渐丰富起来。

建议大家读完本节后，写出关于自己的两种形式的优势标签，并在之后不断完善，形成最“吸睛”、最赚钱的优势标签。

通过本节的学习，大家除了可以列出自己的标签外，对于什么时候用标签，标签用在什么场合，以及标签列出来后怎么表达最精准、最吸引人，相信大家都有了很好的思路。

以上就是我们本节的主要内容。本节的要点是：

第一，身份标签，从职场、生活、专业三个维度包装自己的身份标签；

第二，能力标签，亮相自己身上具备的能力；

第三，市场标签，通过产品链接资源和人脉。

最后，给大家布置一个思考和践行作业：

请列出你的自我宣传标签，做成海报，并发在你所参加的社群当中，让更多的人认识你。

# 第 10 节
# 答疑环节

1.Angie 老师，您好。听了您的课后，才意识到了时薪的重要性。非常感谢您给我们分享了这么好的概念。我该怎么做，才能提升我的时薪呢？

谢谢提问。

首先，时薪的算法。我再解释一次，假设我们每天工作的平均时间是 6 个小时，一个月工作 22 天，月薪是 6600 元，那时薪就是月薪 6600 元除以（每天工作的 6 个小时 × 一个月工作 22 天）=50 元一小时。

其次，为什么要强调时薪的概念？一是因为很多人不重视自己的时间，算出时薪后，你会更珍惜自己的时间；二是很多人只是看中月薪的多少，根本想不起来还要考虑工作时长，往往是换了工作后，才知道工资虽然涨了，但是工作的时长却长了很多，算了时薪还是亏的。

最后，怎么做，才能提升时薪？简单来说，有三个方向：

第一，同样的工作量，降低完成的时间。我们可以花时间研究自己的工作，提升工作效率，比如说每天都要做日报，我们可以为自己的日报定制一个固定的模板，这样每次填报表，就可以按模板填写，大大缩短了完成的时间。

每个人都应该花两个小时的时间，好好想想目前有哪些工作是可以做成模板来节约时间的。

第二，同样的工作量，获得更高的收入。比如说，找出工作上和副业中都能用到的能力，像是演讲能力，在工作上可以赚到一份钱，副业上通过演讲分享自己的经验又能赚到钱。

再比如说，工作出色完成后，多花一点点的时间向上汇报，上司更加认可你的工作能力，升职加薪的可能性会更大。

第三，一份时间卖出多份钱。如果你是公司负责培训的员工，旧的思路是每一次有新员工来，你都需要手把手地培训；新的思路是把一些培训的内容录制成视频，发给新员工自己学习，再集中答疑。

拿我的副业举例，以往大家问我时间管理的问题，我会一个个回答，现在都会直接把课程的链接发给对方学习，效率真的高了很多。

听了我的方法后，希望你能在工作和副业当中真正用起来，让自己的时薪越来越值钱。

2.Angie 老师，您好，我是一名妈妈，宝宝刚出生五个月，我现在面临一个选择，因为家里没有人带宝宝，您觉得我是辞职全职带宝宝好，还是花钱请人带宝宝，我自己去上班好？

谢谢亲爱的宝妈提问，其实这个问题是很多宝妈面临的问题，你的提问帮助了很多人，太棒了。

首先，从现实的角度出发，就是你所创造的价值，能否大于你请一个保姆所要花的钱。在我看来只要持平或者是多于请一个保姆所要花的钱，你就应该去上班，原因是保持和社会的接触，不会让你在当了多年全职妈妈后，才恍然醒悟和社会脱节。

其次，还有一个更现实的问题，那就是能否找到一个好的保姆。社会上的虐童事件，让我们当妈的非常揪心，每一个宝宝都是妈妈的“心头肉”啊。所以，如果确实找不到一个靠谱的好保姆，我建议还是自己带，起码带到宝宝会表达后会比较保险。

有个小小的建议给大家，可以试着从老家找一些亲戚来当保姆，我身边就有很多这样的例子。

再次，如果只能做全职妈妈，那也要做一个从容、有序、爱学习的全职妈妈。

比如说，我现在也是在家里办公，但是我每天都会挤出时间学习，当然，我家里是有老人帮忙带孩子，但我相信，我也会比同样是家里有老人带孩子的妈妈还要自律一些，所以，千万别以自己是妈妈为借口，就自暴自弃，什么都不学，每天只是照顾宝宝。

最后，我想说的是，现在有很多副业的进入门槛都很低，比如分销一门课、做微商等等，我建议宝妈们都可以尝试去做。我的“价值变现研习社”里就有好多全职妈妈，她们一边带孩子，一边跟着我做课程。和我关系很好的一位两个男宝宝的妈妈叫皓妈，业余时间做塔罗牌速成班的教学训练营，两天的副业收入破了一万元。所以，建议大家适应了妈妈的角色后，可以挑一些副业来进行尝试。

3.Angie 老师，您好。您分享的投资型思维，对我的启发特别大。最近这一年，我花了很多的钱在投资自己上，一开始还是很兴奋，也觉得收获很多，但一年过去了，发现和一年前的自己也没有很大的区别，我该怎么办？

谢谢您的问题。

这个问题其实在第五节“投资型 or 消费型思维，拉开你和穷人的差距”中有很详细的答案，所以我建议你一定要再去读一下这节内容。

这里我再做一些补充。

先说一句大实话，我身边和你一样的人真的有很多，所以啊，你并不孤单。

那么，怎么做才能让自己的每一次投资获利呢？

首先，你要知道自己是为了什么而学习，比如你发现自己总是挤不出时间做一件事，那肯定是你的时间管理有问题，那你一定要系统地学习时间管理方法。你不能为了学习而学习，这样是解决不了问题的，只会让自己更焦虑。

其次，学习了之后，一定要有输出。这个“输出”可以是写一篇完整的学习笔记，分享给别人听，也可以是，把课上的方法用起来。比如我今天回答的第一个问题，提到了“同样的工作量，降低完成的时间”这个提升时薪的方法，你是不是应该花时间去看看自己工作当中有哪些事情可以去建立模板，从而降低完成的时间呢？

最怕的是你惊呼一声“哇，这个方法好棒，好有用！”却没有后续的行动。

最后，投资在自己身上的钱，要想办法赚回来，你可以把学习并实践过的内容，以自己的方式去做一次分享，让更多的人认可你、打赏你，甚至向你付费学习。

还有一点，如果你发现，尽管自己认认真真去学习了，却还是没有突破，那一定要注意，这很可能是因为你的学习方法不对。你可以花时间去学一些如何高效学习的课程，或者是向身边的学习高手付费咨询，请他们帮你做诊断。

4.Angie 老师，您好。我虽然对副业赚钱非常感兴趣，但是又很怕它影响到我的主业，最后得不偿失。这样的想法让我很纠结，我该怎么办？

谢谢您的问题。

您这个问题其实也特别好，最差的结果就是主副业都发展得不好，那就真的得不偿失了。

首先，最保险的方法是，你要让你的副业反过来可以加强你在主业上的能力和业绩。

我的第一份副业是“在行”的行家，第一个话题是“SEM 搜索引擎营销”，这个话题正是我主业做的工作内容。

所以，那个时候，我的每一次咨询约见，除了可以给我带来咨询收入外，还可以直接给我带来项目，最好的时候，项目的提成收入是咨询费的 10 倍。

再举个例子，如果你是一名运营人员，你的副业可以做公众号运营，这样主副业简直是相得益彰。

其次，你要想明白什么情况下，副业会对主业造成影响。我认为有两点：一是被公司的老板知道了自己在做副业，在这点上，我建议大家可以另外申请一个个人微信号来做副业，或者是用原来的微信号，但是要做好分组设置；二是怕自己的时间和精力不够，那你就给自己定一个标准，要么就是上班时间完全不做副业，要么就是上班时间上下午各挤出半个小时的时间来处理副业的事情，简单来说，我们要给自己订立标准、设置边界，并督促自己不要过界。

# 第 2 章 >>>
# 要想副业赚钱，你需要掌握这几种能力

◎ 如何在职场持续积累你的副业赚钱能力

◎ 写作提升力：三个方法，
拥有持续写出好文章的能力

◎ 表达突破法：提升表达力，副业收入翻 N 倍

◎ 搭建赚钱关系网：不可忽视的人脉力量

◎ 项目管理力：一个人如何活成一支队伍

◎ 搭建你的团队：副业百万收入需要的团队配比

◎ 朋友圈引流术：精准引流“三步曲”

◎ 混圈子：如何通过社群“涨粉”

◎ 公众号的红利期已过？你该拥有的主次平台生态圈

◎ 答疑环节

## 第11节
## 如何在职场持续积累你的副业赚钱能力

约我咨询的学员里，10个人中有9个人对自己的工作不满意，他们想发展自己的副业，想辞职成为自由职业者，或者干脆去创业。

如果大家是因为目前的工作已经无法满足自己对未来发展的要求而感到不满意，有辞职创业的想法并不是坏事。

但我还是要提醒大家，千万别因为自身能力的不足而贸然辞职。

既然不建议大家一冲动就辞职，那么在职场上哪些能力的持续积累，能为我们的副业做好铺垫呢?

我们先来看下在职场上必须持续积累的第一种能力：目标达成能力。

先问大家一个问题，大家目前所从事的工作，在薪酬方面是拿固定工资的方式，还是固定工资 + 考核奖金的方式？

先来讲两个故事：

A 同学每个月的收入都是固定的，做多做少都不会有太多的变化。

B 同学的平均收入和 A 同学差不多，但是收入的结构是固定工资 + 考核奖金的形式。

你想成为 A 同学，还是 B 同学？我自己属于 B 同学那种类型。

我相信大部分人直觉上会想成为 A 同学，在工资一样多的情况下，相比于 B 同学，没有多少压力。但事实是，当你丢掉压力的同时，你也失去了目标感。

从 2015 年 11 月，第一次有副业收入之后，我每个月都会统计自己的副业收入数据，并且会根据当月的收入情况，定下一个月副业收入的目标。

我一直以为这样做是非常自然而然的事情，后来才知道，身边大部分人，是没有目标意识的，更谈不上目标达成的能力。

我的这个习惯，最早是在职场上养成的。

我所在的部门，每个月月初一定会做的一件事是，经理会分配当月要完成的业绩任务，而我们根据经理的分配，去盘活自己手上的资源，并把目标做相应的分解。

而且，部门做数据的同事，每天都会告诉我们当天完成的目标进度是多少，时间的进度是多少，我们的目标是落后的还是超过时间进度的，这样我们就对目标的完成情况一目了然。

为什么要在职场上去锻炼自己制定目标的意识和培养自己达成目标的能力呢?

因为我们的副业，大部分时候不会像主业那样一定会要求我们按时完成公司定的工作量。在毫无约束的情况下，很多人看似在做副业，一整个月过去了，往往毫无进展，更谈不上有什么副业收入了。

所以，在职场上，千万别反感公司给我们定目标和工作量，还对我们进行监督。你应该欣然接受，并不断让自己去适应有目标的状态。

这里，再和大家分享目标达成的一些方法：

首先，得有一个目标。如果你是自觉的人，那你要为自己设立一个目标；如果你是不够自觉的人，一定要让自己去找有目标的工作岗位。

其次，制定目标后，要跟进目标的完成进度，比如你本月的副业赚钱任务是1万元，那到了月中15日时，你得完成一半，也就是接近5000元的任务，才算是跟上了进度。

最后，无论有没有达成目标，都需要对目标做复盘，明白自己在哪些方面做得好可以继续保持，在哪些方面做得不好需要改进。

听完第一个知识点后，我们再来看下第二种能力：在职场上锻炼你的营销能力。

B 是我个人品牌的学员，看到她的简历时，我简直欣喜若狂，因为无论是知识的丰富程度还是个人标签，她都完全符合一位导师的标准，但是 B 却对未来充满了困惑。

仔细聊完后发现，B 的所有能力都是向内的能力，自身是一座宝藏却无人挖掘。

有效的价值提升，绝对需要一系列的向外能力：除了能说会写，还要会宣传自己。

大部分人把过多的注意力放在了内功的修炼上，练就一身内功，却没有施展的舞台。

也有一部分人，把过多的注意力放在了外在的宣传上，而忽略了自己内在的真实能力，虽然有些用户会被你看似漂亮的外表所吸引，但是如果你的内功不够，这些用户仍然会中场离你而去。

真正的价值提升 = 向内的能力 + 向外的能力集合

这样的公式在职场当中也非常适用。

比如我的同事 M，她比普通的销售员对公司的产品有更好的认识，具有很强的向内的能力，而销售工作本身也具备非常强的向外能力集合，因此这些年来，她所做的所有事，都使她获得了价值提升。

普通的职场人士同样受用。从你进入职场的那一刻开始，你就应该清醒地意识到职场和校园的最大区别：你再也不能仅仅凭借自己的默默努力拿到一纸好成绩而成为万众瞩目的焦点。你所做的每一件事，都要恰如其分地让你的上司知道。

为什么我们都认为外向的人更加容易做成一件事？大部分情况下并不是外向的人懂得更多，而是外向的人自带宣传属性，他做的事情更容易被大家知道。

所以，我们在提升自己的内在能力时，一定别忘了锻炼营销自己的能力。

那么内向的人，该如何营销自己呢？

准备一份足够好的自我介绍，可以参考上文提到的“一段话标签法”，把这个标签式的自我介绍背熟，在公开场合就可以自然而然地去表达自己。

另外，内向的人还可以发挥好自己的倾听能力，听话时，对说话者做适当的响应和夸奖，其实也能让对方更好地注意到你。

回到家后，可以花一点时间去思考，如果是自己来表达，怎么表达自然而不紧张。

最后一种能力是在职场上锻炼你的管理能力。

一个人能力再强，脱离了组织，都很难会有持续的发展。

这个组织，不一定是指职场上的团队，也包括你做副业时的小团队。

通常情况下，我们最有机会锻炼自己的管理能力的时机是在职场上，所以，我们在职场上一定要抓住任何一个能带领团队的机会。

负责一个项目、办一场活动、组织公司的年会，无论是哪个维度，都要牢牢抓住。

以我自己为例，在探索副业的时候，我已经做了好几年的管理层。2016 年 5 月，当我第一次组织线上特训营时，有两名学员想要申请成为我的助理，我在第一时间就同意了，并快速拉了个小群，形成了一个小团队。我明白，只有三个人分工协作，才能把整个训练营的口碑做好，积累自己的第一批种子用户。

因此，我建议大家一定要具备团队意识，并训练自己的管理能力，这样才能让副业赚钱这项事业长足发展。

简单来说，管理能力就是你懂得盘活身边的资源，包括你的下属、上司、公司的背书等等。做事情不仅要凭借自己的能力，也要学会借力。

也就是说，作为管理者，你可以把重要的工作分配给你的下属，也就是有相应能力的同事；你也要懂得用好你的上司，让他为你争取更多的资源；而公司的背书是指，当你去参加活动时，你可以以公司的名气去认识、结交更多的人脉。

关于如何训练更接地气、更有效的管理能力，我还有一个秘密武器，我将会在“项目管理力：一个人如何活成一支队伍”这一节里介绍一些更落地的管理方法。当你进行你的副业赚钱事业时，你要懂得，一个人的能力可以抵得上一个团队的能力，这样，三个人的副业赚钱小团队，也能创造上百万的年收益。

如果你留心就会发现，我们身边那些通过副业赚到钱的人，绝大多数都是综合能力极强的人。

从现在开始，在职场当中有意识地去积累以上三种能力吧，为你的副业甚至是创业做好充分的准备。

以上就是我们本节的主要内容。本节的要点是：

要想副业赚钱，需要掌握三种能力。

第一种能力，目标达成能力。有考核，才能有完成目标的动力。

第二种能力，营销能力。真正的价值提升＝向内的能力＋向外的能力集合，在职场时就开始树立自我营销意识吧。

第三种能力，管理能力。一个人走得快，但一群人才能走得更远，把握住职场上一切可以提升管理能力的机会。

最后，给大家布置一个思考和践行作业：

课程当中提到的三种副业赚钱能力，哪一种是你最想加强的能力？请列出你会用来加强这种能力的一个方法。

# 第 12 节
## 写作提升力：三个方法，拥有持续写出好文章的能力

首先，拥有持续写出好文章的能力的第一点，你得先设定合理的写作目标，给自己足够的动力可以持续写下去。

在最开始，你要能写出来，或者说，在写不出来时，会去做更多的输入，让自己有机会写完一篇文章，才是最基础的目标。

在 2015 年 10 月之前，我的写作频率为一年 0—1 篇文章，是的，你没有听错，是 0—1 篇，0 代表一篇都没有。如果按照平均值四舍五入的严格算法，我活了 29 年，写作的成果为零。

2015 年 10 月，我突然开始想写点什么。仔细想想，原因应该是有两个：一是因为空闲时间多了起来，想通过写作的方式打发一下时间；二是因为看了一些别人写的文章，觉得写文章的作用太大了。如果写得好，可以让别人了解自己的想法、连接到有趣的人。如果写得不好，对自己的帮助也是很大的，你会在写的过程中卡壳，卡壳代表你对自己想要表达的观点了解得不够透彻，

需要重新去学习，才有办法写出一篇完整的文章。用一句比较时髦的话来表达就是：用输出倒逼输入。

如果你现在也想学习写作，真的一点都不晚，但你要想想自己为什么想学习写作。思考清楚之后再去行动，你在写作时就有一定的自律性。

如果你知道自己为什么要做一件事，当你坚持不下去时，你会因为自己最开始出发的理由，再往下多坚持一点。谁都不会想到，有时候就是这么一句自我激励的话，让我们走到了自己都想不到的远方。

所以，关于写作这件事，首先要做的是根据自己的真实现状来制定有梯度的“三步走目标”，我分享我自己当时的“三步走目标”给大家：

第一步，要求自己每天写500个字，如果实在写不出来，可以抄一些优美的句子，或者试着用文字描述下自己当天的行程。

第二步，要求自己每天写1000字的命题文章，可以从你喜欢的公众号或者书里，挑选出一篇文章，看完后自己也照着试写一篇，再进行对比，找出自己的不足。

第三步，试着每周写3篇1500字—2500字的文章，可以是关于某个话题的写作，也可以是关于某本书的书评。由于前面两个阶段的练习已经为你积累了经验，这个阶段的你，写出一篇文章的问题不会太大。如果还是写不出来，就回到第二步继续练习。

其次，拥有持续写出好文章的能力的第二点，是从身边挖掘我们的写作素材，并建立清单库。

为了写出一篇像样一点的文章，我们要穷尽心思，挖掘身边的写作素材。

比如，盘点自己过往的人生故事，思考如何把自己的故事写得有趣一点。

比如，思考做成一件事背后的方法论，比如找到一份好的工作和什么因素相关？

比如，最开始的时候，我是写育儿公众号的专栏作者，为了能持续写出育儿文章，我开始大量阅读育儿类书籍，并且把这些方法运用到我儿子身上，结合以前的一些错误做法和自己在育儿方面的心得体会，就能写出一篇篇高质量的育儿文章。

比如，看到一条广告语时，会问自己，如果是我，我会怎么书写广告语背后的故事？

比如，发现自己在坚持跑步这方面做得很成功，是因为做了哪些努力？

比如，我是如何把育儿和工作做到相对平衡的？用了什么方法？

比如，和朋友们聊天，如何从以前的口若悬河，变成现在的多倾听和多思考，可以将自身的转变过程纳入写作的素材。

所有的这些，都是围绕在我们身边的写作素材。正是因为有了写作的想法，我们才会多一双善于发现的眼睛。

而因为很用心地去搜集这些素材，我的写作灵感越来越多，写的文字也开始有人看。

在这个阶段，表面上看起来写作素材给了我很大的帮助，其实更重要的是我通过写这些平凡生活里的素材，带给了身边的人更多的干货。

比如，当我写了一篇自己是如何做好一份工作的文章时，看到文章的人就能从中学到一些真实和实用的方法。

比如，当我写了一篇自己是如何管理情绪的文章时，很多人从中知道做什么事可以让情绪达到比较理想的状态。

比如，当我写了一篇自己是如何打造个人品牌的文章时，很多人就能从中学到如何打造个人品牌的方法。

以上举的例子，都是我平时搜集素材时会想到的维度。除此之外，我还有建立灵感清单库的习惯。

建立灵感清单库，要注意以下三点：

第一，关于建立灵感清单库的工具，建议用像有道云、印象笔记这样的云笔记，电脑和手机可以同步更新，并且可以进行搜索，随时都可以记录灵感。

第二，关于灵感清单库框架，建议大家先搭建一个分类框架。我个人是按照金句类、故事类、方法类三个类别来分类的。每一次有灵感，就分门别类地记录下来。

第三，每次写不出文章时，有意识地从灵感清单库里去找灵感。

最后，拥有持续写出好文章的能力的第三点是：一边学习，一边写作。我将这种方法命名为“主题搜索型写作法”。

有时候，我们避免不了为了写文章而写，就像是有人给你付了稿费，需要你写特定主题的文章，但是又确实写不出来，在这种情况下，可以考虑用这个方法。

以写一篇有关全职妈妈高效时间管理的文章为例：

第一步，找出我们要写的主题文章的三个关键词：

职场妈妈时间管理

全职妈妈时间管理

高效时间管理

第二步，带着这三个关键词，在平时收集的灵感清单库比如百度、知乎等平台上进行搜索、阅读，查找相关内容。

第三步，对搜索出来的内容进行分类和归纳。

对于当下写作可以用到的内容，比如某些新颖的观点和案例等，直接用在你的写作上。

如果搜索出来的内容，当下用不上，可以整理进灵感清单库，在之后的写作上也有机会用得到。

这种方法，其实也特别像是一种学习输入上的查漏补缺，会让自己对某个观点的看法慢慢全面起来。

另外，即使最后写不出一篇文章，这种带着关键词搜索学习的方法，本身也是一种非常好的学习过程，何乐而不为呢？

最后，分享一个和写作有关的小小的故事：前些日子，我把之前写的一些文章翻出来看，发现某些文章确实写得很烂。但我又庆幸，如果没有那个稚嫩的自己，怎么会有写得越来越好的自己呢？就像是当你吃到第三碗饭才开始有饱腹感时，千万别忘了那是因为有前面两碗饭的铺垫。

祝愿大家都能越写越有灵感，书写出属于自己的人生篇章。

以上就是我们本节的主要内容。本节的要点是：

提升写作能力的三种方法。

第一，先设定合理的写作目标，给自己动力持续写下去。

第二，从身边挖掘我们的写作素材，并建立清单库。

第三，主题搜索型写作法：一边学习，一边写出一篇好的文章。

最后，给大家布置一个思考和践行作业：

请尝试用主题搜索型写作法，写出一篇文章。

# 第 13 节

## 表达突破法：提升表达力，副业收入翻 N 倍

我们每一个人，每一天都需要表达自己。

像上一节讲到的，写作是一种文字语言的表达方式，但在大多数时间里，我们更多的是通过说话的方式来跟其他人进行表达和交流的，而且良好的沟通和表达方式也是非常多的人所不擅长的。

今天我会从三个维度来分享如何提升自己的表达力，增加让自己的副业收入翻 N 倍的机会。

我们先来看下本节的第一个知识点：拆分表达力，才能更好地提升表达力。

我的学员 L，每一次出场都自带强大的气场，但是每一次演讲完，却有很多粉丝离他而去。

为什么会这样？因为 L 的表达逻辑不清晰，表达的内容不够

好，大家一听，会觉得和最开始的出场形成巨大的反差。

L的故事告诉我们，如果不拆分自己的表达能力，我们很容易高估自己已经具备的能力。因为想要得到一些成就感，我们会不断地去加强这种能力，这不是一件坏事，但我们要注意到，不具备的能力会让自己在表达的效果上大打折扣。

表达力可以拆分成以下几点：

第一，学习表达的套路。我个人最常用的表达套路叫作“总分总模式”。

在最开始的时候提出自己的观点，然后通过三个维度去阐述自己的观点，最后在结尾的部分做一些总结和收尾。

第二，学习表达的逻辑性。我们在听别人表达观点时，最怕的就是对方表达得非常不清楚。同样，我们在跟他人沟通时，也很怕做不好这一点。

那么，如何加强自己表达的逻辑性呢？很重要的一点是，针对我们想要表达的内容，需要有足够的输入。除此之外，在平时就需要养成对学习的内容做三点式总结的习惯，这样就会大大加强你表达的逻辑性和条理性。

举个例子，当你阅读完一篇文章时，可以从三个维度去梳理自己对这篇文章的认知。就像是大家读完我的这一节后，可以写下这节内容中对自己启发最大的三个点。

第三，在表达时保持良好的状态。如果说你讲一段话，没有能量，不够自信，听的人其实是不理解你想要传达的意思的。

在表达自己的观点时，声音大小不是重点，沉稳和自信才是。

沉稳和自信的前提是，对自己要表达的内容烂熟于心。所以，每一次上台前，请一定要在台下多加练习。

以上三点是我认为对锻炼表达力非常重要的三个维度，每个人都应该真实面对自己，将已经做好的东西做得更好，做得不够好的，一定要面对并且加强它。

听完第一个知识点后，我们再看第二点：每天一分钟，轻松提升表达力。

这个方法我自己用过，觉得特别好。我也把这个方法分享给我身边的很多学员用过，他们用了之后都反馈，表达能力会在无形中有很大的提升。

每个人都有自己的个人微信。

第一步，你要把自己的个人微信找出来，打开微信，在搜索框搜你自己的名字。找到自己的微信后，点击右上方，把自己的个人微信置顶。

第二步，每天早上起床之后，向自己提一个问题。打开已经置顶的个人微信号，向自己提一个问题，再用一分钟的时间来回答这个问题。

在最开始回答问题时，你会觉得还蛮吃力的，因为，一分钟时间要表达清楚你的观点会很难。所以，我建议大家一开始对自己的要求低一点，只要能够回答这个问题就好了。

当你能够流利回答自己每一天提出的问题之后，你就可以进入第三步了，也就是要求自己能够清晰地、用三个维度的观点去回答一个问题，并且在一分钟之内表达完自己的观点。

我再一次强调，这个方法特别好用而且简单。但需要强调的是，只有坚持锻炼才会让自己的表达效果有明显的提升。

另外，为了避免你的问题不够多，大家在平时就要建立一个一分钟提问的问题收集清单库。每一天早上起床之后打开这个问题清单库，随意挑一个问题就可以来进行回答了。

最后，非常重要但又常常会被忽略的一点是，自建表达力反馈机制。

我们做任何事情，如果没有反馈的话，很难知道自己做得好还是不好。

但是，我们也很难做到每一次都去寻找外部的反馈，这样无论是时间还是精力成本都会非常大。所以我来分享一个自建表达力反馈机制的方法给大家。

刚开始的时候，我没有想到这个方法会很管用，后来看到我身边的人通过这个方法，获得了很大的提升，于是我自己也做了尝试，发现效果确实非常好，现在分享给大家。

我这个朋友叫 M，他是一个会把一件事情做到极致的人。2016 年，M 特别想提升自己的演讲能力，就去参加了很出名的演讲教练的课。

上课的时候，他会觉得演讲教练讲的方法特别好，并且自己在上课时也有很大突破，但是回到家之后，他就发现上课的那种状态没有了。而且，由于没有老师点评，他不知道自己究竟做得好还是不好。

后来 M 想了一个方法，就是用手机去录自己每一次演讲的视频。视频录完之后，他会反复观看这段视频，并且罗列出一条条自己做得不好的地方，再针对这些地方进行调整和修正。

如果无法判断自己做得好还是不好，别忘了付费向身边专业的人士进行咨询。

调整之后还会继续录视频，录完视频后再看自己做得好不好，并继续进行调整修正。

我不知道大家有没有这种感受，当我们去看别人一件事情做得好还是不好的时候，很容易会发现对方做得不好的点，并且提出自己的意见和看法。

这个就是旁观者视角。那么如何自建表达反馈机制呢？你只需要做到如下三步：

第一步，录自己的表达视频，可以是演讲的视频，也可以是你对某个观点进行表达的视频。这样不但可以听到声音，还可以看到表情和肢体行为。

第二步，反复观看自己的表达视频，并对不足之处提出修改建议。

第三步，继续录新的视频。

如果遇到一些始终无法突破的点，一定要向专家求助，必要时付费也是可以的。

当你的表达力提升之后，无论是参加线下活动，跟他人进行交流，在职场上向上司汇报工作，还是在做副业时跟你的目标用户进行交流，你都能取得更大的收获。

以上就是本节的主要内容。本节的要点是：

第一，从表达的套路、逻辑性、状态三个维度去拆分表达力，才能更好地提升表达力。

第二，每天向自己发问，用一分钟的时间，轻松提升表达力。

第三，自建表达力反馈机制，让自己越来越会表达。

最后，我为本节布置一个思考作业：

请大家从现在开始，未来的一周，每一天都向自己提个问题，并且用自己的个人微信号，用一分钟的时间来回答。一周过后对自己的表现做一个总结，并为自己在下周制订一个新的计划。期待大家在表达力上会有一些大的突破。

# 第 14 节
## 搭建赚钱关系网：不可忽视的人脉力量

我们先来看下本节第一个知识点：正确定义有效人脉。

我有一个非常简单的判断一个人是否具备真正人脉资源的方法：如果你毕业五年以上，找工作还要到常规的招聘平台上找，而不是通过同事、朋友、猎头等人脉资源去找，基本上是不能叫自己有人脉的。

你认识一个人并不等于他就是你的有效人脉。我的学员 Q，她的微信朋友圈里有几百个好友，通讯录里也有几百个联系人，她自认为自己的人脉经营得很好，可是前段日子，毕业六年的她想换工作，却遇到了拜托身边的朋友帮忙留意工作而没有任何结果的情况。

美国著名的社会学家霍曼斯在他的“社会交换理论”中指出：任何人际关系，其本质上就是交换关系。

你的“可交换价值”越大，你能吸引的人就越多，愿意主动跟你打交道的人也就越多，即使你一时落魄了，但是愿意帮你的人也还有很多。

这才是一种长期的有效人脉。

所以，当你发现自己认识了很多人，但是都无法深度链接时，一定别忘了衡量一下自身的价值。如果自身价值不足，请先暂时放弃一些无效的社交，比如纯粹的饭局和同学聚会，把时间用到自我投资上。

看完第一个知识点后，我们再看第二点：一个表格，带你一步步搭建人脉关系网。

大家有没有一种感觉，有时候明明认识一位在某一领域的资深人士，但是真的要用到对方的时候，我们甚至连对方叫什么名字都想不起来。

前段时间我刚好要做一场线下活动，想起来之前有个朋友介绍过可以办年会的赞助场地，但就是想不起来这个朋友叫什么名字，后来是因为助理听过我的人脉关系表格梳理法，她根据这个方法做了人脉记录，才找到了对方的名字，最终联系上了对方。

其实在经营人脉这件事情上我用的方法很简单，就是用一个表格去梳理所有的人脉关系。

第一步，工具介绍，我用的是 Excel 表格。

第二步，搭建人脉关系网的框架。

关于如何搭建人脉关系网，有两个要点：

第一，列出人脉渠道的类别。在我看来，人脉渠道可以分成职场人脉、生活人脉、互联网人脉和榜样清单这四大类人脉。

关于人脉渠道的类别，大家也可以根据自己的真实情况来罗列。比如说，你是个创业者，可以专门列一类创业者人脉；如果你跟我一样，是自媒体人，你可以列一个超级用户人脉；如果你的人脉主要集中在职场上，那你可以把它拆分成猎头人脉、公司人脉、公司之外的人脉等等。

当然，你也可以专门列一个副业人脉的类别，所有能让你产生副业收入的人脉，全部都可以罗列到这个类别里面去。

第二，每类人脉都可以分别从基础信息、优势、最近动态、互动四个维度去记录和梳理你和对方之间的链接。

那么，如何丰富和完善自己的人脉库呢？拿我自己来说，我会写下我想要经营的人脉的每个人的生日、爱好等基础信息。优势的维度会写他的专业是什么，他拥有什么资源，他的能力是怎样的等等。最近的动态会写他有没有跳槽，他最近到哪里去进修了等等。互动就是会写我和他最近一次的交流重点以及在朋友圈看到的一些有关对方的特别动态。

交流的重点非常有用，我常常会在下一次见人脉表格里的人时，打开表格看一看，在见面的时候主动去聊上一次聊的一些细节或者是最近的新动态。在聊这些东西的时候，对方会特别意外和惊喜，觉得我特别关注他。

第三步，定期去更新我们的人脉关系网。

从两个维度去更新，一个维度是从你新认识的人的多个维度去更新。

另一个维度是这个表格里本来就有的人脉的一些情况的更新，比如说你最近见了职场人脉里的前同事，他跳了槽，到了一家广告公司，那你可以做一些更新，并且把这一次互动聊天的内容更新到互动列表里。

这个表格在最初建立的时候会有一些困难，但是当你将框架打好之后，养成随时记录的习惯，每周或者每月整理一次，就比较好操作了。而且，当你知道这些重要的人的一些基础信息比如对方的生日时，可以在他生日的时候给他送一个温馨的小礼物或者发一个小红包，这时，你就会发现，你跟其他人的关系瞬间就拉近了。

我自己还有一个习惯，每年的年初，我会在手机上设置我认为比较重要的 20 个人的生日提醒。这样的话，我就不需要用大脑去记他什么时候过生日了，手机都会提前一天提醒我，让我可以为他们去准备礼物或者发红包。

这份表格也不需要大家把所有的人都记录到里面，我们可以有自己的标准，尤其是对自己有帮助的人脉可以记录进去。如果所有的人都更新进这个表格的话，会因为更新的过程太复杂，而让你产生倦怠感。

有了这个表格之后，下一次我们做任何事情，想要向人求助时都可以把这个表格打开，你会从这个表格里找到你想要连接的人。

看完第二个知识点后，再说最后这个知识点：两个维度，重点经营你的赚钱关系网。

每个人身边，都或多或少有几个突然爆发式成长的人物，表面看起来，这是他能力的表现，或者是，他遇到了一个好的机会。但是这和他长期经营人脉有必不可少的关系。接下来我将分享两个维度，重点经营自己的赚钱关系网。

赚钱关系网的第一个维度是，清晰地知道自己具备什么样的能力，带着这个能力去连接需要这个能力的人，并把对方归入自己重点经营的赚钱关系网。

可交换价值最重要的不是一定要比对方优秀，而是你要有自己擅长的点，而这个擅长的点，正好是对方需要的。

很多学员问怎么样才能成为我的助理，我一般都婉言拒绝。因为我真的没有时间了解你有什么能力。

但如果你这样问我："Angie，我特别擅长写文案，请问我是否能成为你们平台上文案这一块的实习生？"那么，我可以快速判断，你是否是我所需要的人。

如果你想要连接到有价值的人脉，你需要做这三步：

第一步，知道对方需要什么样的价值，这就需要你平时更多地去观察和了解；

第二步，自己具备什么类型的价值；

第三步，精准地表达，让对方知道你具备这样的价值。

赚钱关系网的第二个维度是，先瞄准你想要经营的关系对象，再去结合他的需要掌握对应的能力，当你具备了对方需要的能力后，再找时间跟对方进行连接。

以上就是我们本节的主要内容。本节的要点是：

第一，正确定义有效人脉。

第二，一个表格，带你一步步搭建人脉关系网。

第三，两个维度，重点经营你的赚钱关系网。

最后，我为本节布置一个思考作业：

请大家在读完本节后，结合第二点“一个表格，带你一步步搭建人脉关系网”，用 Excel 搭建出自己的人脉关系网框架，再去慢慢丰富整个表格。

# 第 15 节
# 项目管理力：一个人如何活成一支队伍

每个人每天只有 24 个小时，无论你是谁，都没有办法增加时间的绝对值。

最近这些年，我一直在探索，什么样的方法才能让一个人或一个团队在有限的时间里大量、高效地完成很多事，让一个人活得像一支队伍，一个小团队活得像一个大公司。

2018 年，一整年我们的团队只有四个人，除了我自己怀孕在家算是全职在做外，其他三位成员都是兼职的状态。

身边很多人知道这个情况时惊呼："我们整个团队好几个人全职在做一个特训营，员工数量比你的团队还要多上好几倍，而且每天的工作时间长达 12 个小时，但是产值却不到你团队的一半，你们是怎么办到的?!"

我和我的助理 Emma 每天在微信上沟通互动上百条信息，她虽然照常上班，但依然能和各大平台有条不紊地进行自媒体的合作、转载、内容创作、互推和广告洽谈等事情。Emma 为什么能够同时做好这么多事情呢?

因为她具备一种非常重要的能力，叫作项目管理能力。

简单来说,项目管理能力是指把每一件事当作一个项目来做。针对这个项目，指定由某个人来做全盘的策划，也就是指定其为项目的唯一负责人，再列明每个子项目相对应的子负责人及其职责，并且把项目里可以固定下来的内容全部流程化操作。

本节的第一个知识点是：确定每个项目的唯一负责人。

做一件事情，最怕的是没有一个可以拍板的人。

比起没有可以拍板的人更恐怖的是，一件事情有多个拍板的人。

每次讲职场课之后，在答疑环节，总会有学员向我提这样的问题："请问老师，我在公司里有两个上司，需要向两个上司进行工作汇报，请问有什么办法可以让我的工作进展得更加顺利呢?"

每一次遇到这样的问题，我的第一反应是，这家公司不大可能做大。因为它将人的很多时间和精力都花在了公司的内耗上了。

其实这就特别像大家在做自我管理的过程中，内心左右摇摆没有方向，这样要下定决心做好一件事情是比较难的。

在职场上，我们没有办法控制老板只给自己分配一个上司，或者是做一个项目只能有一个负责人，但是在做副业以及在做自我管理上，每个人都应该要有项目管理指定唯一负责人的意识和思维。

项目管理的思维，可以应用到任何领域。比如我们组织一次家庭旅游，也可以用到项目管理的思维。谁负责策划这次旅游，在出去玩的整个过程当中，他就拥有决定怎么玩的一些特权，而不是大家七嘴八舌乱出主意，最后让旅游变得又乱又不愉快。

接下来，我们来看本节的第二个知识点：把每个项目按最小可执行的项目进行拆分，并分配给对应的人。

项目的唯一负责人需要具备很强的能力，他需要懂得项目的所有环节，因此也必须是从头到尾跟进过所有流程的人。

在职场中，项目的唯一负责人不一定是能把项目中的每个环节做到最好的人，但起码要清楚每个子项目之间的联系。而现实是，很多企业常常是领导者不懂下属的工作内容，却爱给下属一些不切实际的建议。

我常常建议每一个毕业三年以上的人去学习项目管理的思维。在这里透露一个小秘密，2016 年，我被挖到互联网公司做运营总监，主要凭借的就是我的项目管理能力。在这之前，我并不具备管理多个部门的能力，但因为我具备了项目全盘运营的能力，所以我得到了这份工作。

以我的副业团队为例，比如我要举办一个时间管理特训营，那我会为时间管理特训营这个项目指定一个主要负责人 A。A 会对这个项目里涉及的每一个子项目比如开课前的处理，开课当中整个社群的运营，开课后做问卷的调查以及收尾工作都分别找到对应的负责人。

在这所有工作中最复杂的部分是社群运营的部分。当社群运营的项目负责人 B，成为这个子项目的唯一负责人后，他又可以进行项目的拆分：从报名的学员里面去找到相对应的子项目负责人。

那么，如何将复杂的项目进行拆分呢？你只需要掌握以下三步：

第一步，罗列出整个项目拆分成的子项目，一般建议拆分成 3—5 个子项目；

第二步，为每一个子项目找到对应的项目负责人；

第三步，制定一个共享的跟进表格，每个人都能够从表格里看到进度的更新，大大降低互相交流和沟通的成本。

最后，我们来看本节的第三个知识点：把会重复进行的项目流程化和模板化。

其实，每个项目的组成部分里都会存在一些固定的部分，和一些需要根据实际情况进行调整的部分。

固定的部分，最好的方式就是用模板或者流程图把它完全确定下来。

这样做的好处是，除了大家每一次做事可以根据这个模板和流程图来执行之外，如果这份工作要交给新的负责人，也能很好地进行交接。

我举个简单的例子，就拿大家在学习的这套副业赚钱课来说，其实它也是一个项目。固定的部分是指，大家每一次学习完之后，都要养成对每一节课进行三点式总结的习惯，并且要把学到的内容用起来。

再举个简单的例子，假设你的副业身份是一名咨询师，你可以将咨询前的准备清单形成模板，放在有道云笔记里。当有学员向你咨询时，你可以把它直接发给学员。

整个咨询的过程也可以流程化，我个人的习惯是开头寒暄，接着通过发问的方式了解对方的情况，针对对方填写的准备清单回答对方的问题，给出解决方案，最后再收尾，提醒对方把咨询表格填好给我。

要想将重复的项目流程化和模板化，你只需要掌握以下四步：

第一步，每一次接到一个项目之后，快速确定是否有固定模板可以参考；

第二步，有固定模板可以参考的，需要有意识地从固定模板里面找到模板或者流程进行参考；

第三步，那些不可控的部分，一定要建立进度表来跟进，因为不可控也就意味着难度会相对比较大；

第四步，项目结束后，梳理出可以流程化、模板化的部分，为下一次的项目做好充分的准备。

以上就是我们本节的主要内容。本节的要点是：

第一，确定每一个项目的唯一负责人；

第二，把每一个项目按最小可执行的项目进行拆分，并分配给对应的人；

第三，把会重复进行的项目流程化和模板化。

读完本节之后，希望大家找出自己工作当中可以用模板或者流程图固定下来的一个项目，尝试着把它模板化或者是流程化。举个例子，如果你每天都要做日报，建议花一个小时的时间，做出一个日报的模板，之后每次更新日报就变得简单很多，只要把内容往里填就行了。

## 第 16 节
## 搭建你的团队：副业百万收入需要的团队配比

首先，本节中的团队搭建内容与上一节项目管理的内容是一脉相承的，建议大家先读完第 15 节再来学习本节。

其次，再跟大家分享一下，从 2017 年 3 月辞职后，我一个人全职在家办公的同时还要照顾两个儿子；其他三位团队成员都是有工作的，在我这边做兼职。虽然我们团队成员总共才四个，但是副业利润已经连续几年突破 300 万，合计超千万。

下面开始分享第一个知识点：如何一步步搭建副业团队？

事实上，我是从 2015 年 6 月开始探索副业的，在近一年的时间里，我一个人单打独斗对副业进行着探索。

直到 2016 年 5 月，我的时间管理特训营首次上线，原计划招生 30 个人，结果不到半个小时，报名人数一下子超过了 200 名，我突然慌了神。庆幸的是，报名的学员里，有两个人主动申请成了我的助理。于是，在她们的协助下，我的训练营顺利地开展起来，到现在已经做到了第 19 期。

最开始探索副业的时候，我不太建议大家马上搭建团队，而是应该先尽可能多地去学习和摸索。如果完全没有这个学习摸索的过程，即使你搭建起了团队，团队里的人也并不会完全认可和信服你。

那么，什么时候才适合搭建自己的副业团队呢？我认为一个非常简单的标准，就是陆续有人私信你说想要成为你的助理。

我建议副业团队的成员最好从自己所在的副业圈子里找出来，他们对我们正在从事的副业本身已经非常熟悉，能够更好地进行磨合和配合。

有了助理之后，我们要做的事就是着手整理自己正在做的一些事情，不是自己必要去做的，可以交给助理去做。但自己也不能停下来，可以去尝试探索一些新的项目。

当我们开始做一些新的项目时，必定会从新的项目里遇到新的助理，这样我们的副业团队会因为项目的增加而渐渐地丰富起来，而且每个团队成员所擅长的事情也变得不一样。

我的团队的形成是一个非常自然而然的事情，简单来说有三点：

第一，先一个人单打独斗和摸索；

第二，从我们从事的副业项目里面找到合适的团队成员；

第三，每个团队成员所擅长的事情尽可能不一样，才是最好的团队状态。

接下来，分享第二个知识点：如何管理你的副业团队？

在人人都热衷打造自己的个人品牌这样的时代里，无论是职场上的团队还是副业中的团队，每个人都想从团队当中得到的三个点是：

第一，能力的提升；

第二，个人成长的空间；

第三，收入的提高。

如果能够持续满足团队成员的这三个需求，我们就能管理好副业团队。

首先是能力的提升。

管理副业团队成员，最开始的时候，你可以手把手教他。两三个月过后，你要学会放手了，此时只给他指明大致的方向即可，让他有自己发挥的空间。任何人在舒适的环境里都无法获得成长，一定是在有挑战的环境才能够让他成长起来。

所以，我的习惯是，一旦确定了某个人成为我的团队成员，我不会过多干涉他做事的细节，做错了也不会过多地责备他，而是给他一定的犯错空间，这样，每个成员都能够在挫折中迅速成长。

有个非常流行的词叫“赋能”，我们赋予团队成员一些权力和权限，他的能力才能越来越强。

其次是个人成长的空间。

我的孵化平台孵化出了非常多的优秀人才，其中社群运营的两个老师就是从做我的助理成长起来的。

也就是说，如果有合适的选题，我会优先考虑我的助理，不单是让他们做好本职工作，还会让他们去挑战新的项目，用新的项目去锻炼他们，逼迫他们成长。

同时，我跟外部的合作项目，也会带着我的团队成员，并且会根据他们完成的工作量给他们相对应的收入。

最后是收入的提高。

既然是副业团队，就不可能像正职工作一样，全部都给固定的工资。

因此对副业团队里面的所有人，我都是给比较少的固定工资，甚至，最开始进来的人，我不会给他工资，但是我会给他尽可能多的舞台，以及会亲自指导他该怎么做。我相信给他们这些东西会比给工资更加重要。

同时，凡是新的项目新的尝试，只要能产生营收的，我就会给予他们比其他老师更高的提成比例。

另外，从团队管理的角度出发，我觉得除了收入激励，还可以偶尔送他们一些礼品。2018 年，我送给我的助理一个轻奢品牌的包包。她是一个刚刚毕业的女大学生，当我告诉她，我想送给她一个轻奢品牌的包包时，她的第一反应是拒绝的，说要凭自己的努力去买。我知道她肯定买得起，但可能也会舍不得，所以我果断送了她一个包包。从那以后，她天天都背着这个包上下班，简直是爱不释手。

最后一个知识点：两个做事原则，拥有高效副业团队。

一个人走得快，一群人才能够走得远，好的团队成员可以让整个团队的产值越来越高。

我们整个团队共事时有两个准则：

第一，我们只做重要而非紧急的事件，所有的事情，都至少提前半天完成。

什么是只做重要而非紧急的事件呢？

2017 年 3 月初的一个晚上，在我平台合作讲课的 A 老师发了一条信息给我：明天我们推穿搭方面的文案吧。结果，到了晚上 10 点还没有等到 A 老师的文案，于是约好第二天上午 8 点推，结果，因为临时出了些状况，那天的文案最后在中午 11 点才发了出来。发出来后，我给 A 老师打了个电话，告诉她当天的效果应该不会太好，因为太着急了，很多东西都没有准备好。

果不其然，那天的效果非常差。我们约好下周再发一次文案。到了下周，A 老师又给我发来一条一模一样的信息：Angie，我们明天推吧！这一次我拒绝了，建议她后天再推，并要求她当天一定要把文案给我。我们利用半天的时间反复修改文案，做好万全的准备后才发布，结果，当天的效果非常棒。

只做重要而非紧急的事件的最直观的意思是：所有的事情都至少提前半天做好全面的准备。

如果你一直处在救火状态，每天的精神高度紧张，很多原本可以做好的事情，最后都会在质量上大打折扣。

第二，遇到紧急情况请做好快速沟通，将损失降到最低，并且在处理好后就让事情翻篇，不再去纠结它。

因为我们每天要处理的事情非常多，难免会有处理不到位的地方。我的原则是，事情既然已经发生了，不要纠结于事情本身，而是要把所有的注意力都放在如何处理好事情上。事情处理完毕后，总结经验教训，让事情翻篇就好。

因为这两条原则，整个团队的效率非常高。

以上就是我们本节的主要内容。本节的要点是：

第一，如何一步步搭建副业团队？

第二，如何管理你的副业团队？

第三，两个做事原则，拥有高效副业团队。

最后，给大家布置一个思考和践行作业：

如果你正在副业探索当中，你认为身边的人里，谁最适合成为你的团队成员？试着主动“勾搭”对方哦！

# 第 17 节
# 朋友圈引流术：精准引流“三步曲”

做任何事情，如果完全不知道自己做这件事情的目的，要坚持下去会比较难。所以，做事之前，不妨想一下自己做这件事是为了达到什么目的。

大家都知道，微信是互联网时代很多人使用频率和时长最高的一个 APP，无论是公司还是个人生活，都会用到它，平均每人每天至少使用 5 个小时。

而且，现在非常多的订单都是在微信朋友圈里成交的，文案高手以文案 + 宣传图片的形式进行营销和宣传，吸引顾客下单。即使你现在只是想要通过学习提升自己，并没有要打造副业的计划，也应该在学习的过程当中，有意识地添加未来的潜在用户为好友。当未来你想要去打造自己的副业时，这些人会成为你的第一批购买用户。

我们先来看下本节第一个知识点：精准引流之前，明确目标用户画像。

假设你的副业是销售母婴用品，那么目标客户会是什么样的群体呢？这个答案非常明显，你的目标用户肯定是生过小孩的妈妈。

精准引流的前提是：你要先清晰地知道，自己的产品适合什么样的目标用户。

我们每个人都曾经在微信上收到过一些微信官方推送的广告，在留言区常常会看到有人说：为什么把这个广告推给我？我又不是这个广告的目标用户！相信你也有过这样的感受吧。

因此，如果你想要销售自己的产品，首先你需要明确目标用户画像。目标用户画像简单来说包含：年龄、性别、用户属性。

拿我自己举例子，我的课程的目标用户画像是：23岁到40岁之间的想要获得个人成长的人群。其中，男女占比约为3∶7或2∶8。

明确了目标用户画像之后，我们会更加清晰地知道，针对这些目标用户应该如何开展朋友圈的经营。同时，在研发或者是引进新的产品时，也要考虑目标用户的需求，这样我们的副业才能够长久经营下去。

我个人还有一个这样的习惯，在添加别人为好友时，同时对对方进行分类标签的备注。我的习惯是会备注对方是从哪里添加的，比如你参加了某个“大咖”的社群，从对方的社群里添加了的好友，就可以直接备注对方的名字。同时，因为我是做知识付费的，也会明确备注对方参加过我的哪一门课程。

明确了目标用户画像后，我们接着看第二个知识点：朋友圈引流渠道，如何从内部和外部平台进行引流。

先分享一个故事：学员 A 是一个兴趣非常广泛、爱结交朋友的人，并且特别喜欢学习。起初她并没有探索副业的计划，但是因为喜欢交朋友，无论是参加线下的活动，还是线上的学习型社群，都有很多人因为她的观点特别到位，而主动添加她为好友。后来因为公司裁员，她被迫离开了职场。

恰巧有一个好朋友邀请她一起做微商，她就去做了。她本来只是想试试看，没想到一下子就做成功了，这其实跟她前期朋友圈的无意识引流有非常大的关系。所以，我希望大家一定要有意识地进行朋友圈的引流，这件事情不仅没有任何坏处，还可以为自己的副业做好充分的准备。

跟大家分享一组对比数据，如果说我们在个人公众号和个人微信里都有 1 万个粉丝，个人微信的粉丝价值是个人公众号的 3 到 5 倍，那么，朋友圈只需要有两三千个好友就抵得上公众号 1 万个粉丝的效果。

所以，我身边很多探索副业的好朋友们，都会花很多心思去经营自己的朋友圈，并且把朋友圈作为最重要的流量池。为什么是最重要的流量池？因为所有的外部流量都要集中引流到朋友圈这个池子里面。

接下来对内部和外部平台进行定义：

内部平台是指自己经营的除朋友圈之外的其他所有平台。比如说我自己经营的公众号、简书、微博、知乎等平台。

以我个人为例，在简书、微博、在行、头条号、知乎等平台上，我都会留下自己的微信朋友圈的联系方式，有意识地引导大家添加我为好友。

值得注意的是，有些平台是不容许我们使用个人微信号的二维码的，那就退而求其次，使用个人微信 ID。如果平台允许，那就首选放个人微信二维码。

外部平台是指，非自己经营的其他所有平台，我来简单进行分类：

第一类，你的微信好友的朋友圈。

写一段介绍自己的文案，文案要尽可能突出展示自己的特点，再加上自己个人微信号的二维码，和好友进行互推。

分享我的互推文案模板给大家：我有一个“大咖”朋友，名字叫 Angie，她是一个月入百万的二宝妈，写的第一本书《学习力：如何成为一个有价值的知识变现者》正在热销中，“干货”特别多，朋友圈也特别正能量，我特别喜欢看，今天她开放 50 个添加她为好友的名额，扫描二维码即可添加！

第二类，各类社群。

参加各类社群，无论是付费的还是免费的都可以多多参加，在微信社群里跟其他人有质量、有频率地进行互动，吸引大家添加自己为好友。

第三类，其他可以做分享的平台。

当我们去其他合作平台做分享时，记得在分享结束时，留下自己个人微信 ID 或者二维码，并且引导大家关注自己。

第四类，其他公众号平台。

如果你是公众号的写作者，你的文章被别人转载了，记得让对方在转载你的文章时附上你的自我介绍，并留下你的个人微信 ID。

第五类，线下交流活动。

在参加线下交流活动时，主动添加目标用户为好友，或者是通过交流吸引目标用户加自己为好友。

分享完内部和外部平台进行引流的方法后，再说一种情况，可能很多人会说，我不想要开放自己的朋友圈，因为朋友圈是一个有个人隐私的地方。但是，我想要跟大家分享的是，如果你确实想要探索自己的副业，流量是非常重要的。

如果你确实不想用自己的个人微信去引流，其实还是有其他办法的。接下来我来讲第三个知识点：朋友圈运营的一些小技巧。

以我自己为例，我在打造自己的个人品牌时，是完全屏蔽了以前的同事、同学和朋友的，我相信很多人跟我有类似的困扰。如果你确实想把自己的副业和主业完全分离开，有两个办法：

第一个办法，继续使用现有的微信，但是要进行分组，每次发与副业相关的朋友圈信息时，选你想要让对方看到的组，别公开就好了。

第二个办法，重新开一个全新的微信号去经营你的副业。

在运营朋友圈的时候，一天更新最合理的条数是三到五条，更新的内容要避免单一化，可以采用生活化信息＋广告＋观点的方式分享这种结构。如果需要配图的话，图片最合理的张数是三或四或六或九。

如果你不知道该怎么样去运营自己的朋友圈，一个最简单直接的方法是，当你观察到有些人的朋友圈特别不错的时候，你就直接去模仿他的方法。为什么会有这样的建议？因为我身边有很多的学员以各种理由为借口迟迟不行动。只有行动起来，才会越来越懂得怎样去运营自己的朋友圈。

以上就是我们本节的主要内容。本节的要点是：

第一，精准引流之前，明确目标用户画像；

第二，朋友圈引流渠道，如何从内部和外部平台进行引流；

第三，朋友圈运营的一些小技巧。

最后，给大家布置一个思考和践行作业：

结合内外部引流法，给自己定一个小目标，主动添加 50 个人为好友。

# 第 18 节
# 混圈子：如何通过社群“涨粉”

首先，我们来了解一下社群圈子的几种常见类型和混圈子的方法。

第一种，不经过你的同意，有人拉你进入了他自己组建的社群。

在以往没有做副业时，这种类型的社群我是不会进入的。

但经营自己的副业之后，基本上我都会同意进入。

面对这种圈子，我们要做的是，坚持把自己写的原创文章发进去，它既不属于广告，又可以让完全不认识自己的人对自己有所了解，从而对自己产生兴趣。

第二种，低价格的课程配套的社群。

这种社群的特点是没有专门运营的人，大家更多的是相互之间的自行交流。

像这种类型的社群，一个很吸引人眼球的自我介绍会变得非常重要，这种自我介绍可以是文字版本的，也可以是带二维码的海报。

自我介绍最简单的模板是：你是谁 + 标签 + 三点你能提供的资源。

另外，如果你能针对课程发表一些自己的观点，也会吸引到大家对你的注意，并添加你为好友。

第三种，一些“大V”建立的年度会员群或者主题交流群，价格一般是三位数。

在这种类型的社群里，一份符合社群定位的自我介绍，也会非常吸引人眼球。

比如说这个社群主要是讲副业赚钱的，那你就需要分享自己在副业赚钱领域的一些标签以及一些数字化的成就。

除此之外，多发起一些跟副业赚钱相关的话题，多发表一些相关的观点，也能够让社群里的人对你产生兴趣。

第四种，价格四位数以上的高端圈子。

能够付得起钱进入这种类型的圈子的人，个人的能力一般都不会太差，这种圈子就不需要着急去吸引对方，或者是添加对方为好友了。你可以配合圈子的活动节奏去展示自己。

像我之前参加过的一些高端圈子，常常也会邀请一些参加了这个圈子的人做分享。如果你被邀请了，一定要抽出时间来分享，甚至是看到一些话题自己有一些经验可以分享的，也可以主动要求去分享。

以上是几种比较常见的圈子类型，分享方法都是通过展示自己，来吸引他人，让他人对自己产生兴趣，并主动添加自己为好友。

如果是对方主动添加你为好友，对方会更加关注你。

如果你目前的标签暂时不够响亮，也没有太多可以分享的内容，还有一个方法是，可以群发添加大家为好友。

当然，当你采用这种方式时，会有一些人不通过你的添加请求。

那么，添加了好友后，我们还需要做什么呢？接下来，我们进入到第二个知识点：打造社群“涨粉”的整个闭环。

在前面的章节里，我们提到了真正长期有效的人脉关系是相互之间的价值交换。也就是说，如果我们自己没有价值，即使认识很多的人也没有用。

同样的道理，如果我们通过混圈子以及在社群里添加大量好友之后，没有任何的举动，那么这些人也基本上不会跟你产生深度的连接。

我在主动添加对方为好友之后，通常会发一段简短有力的自我介绍给对方。

模板可以是：我是谁 + 我可以为你提供什么资源。

如果你有产品并且这个产品是可以免费赠送给对方的，甚至是能让对方对你产生兴趣的，比如说你以前讲过的一门课或者是你写过的一篇“干货”文章，或者是你自己的公众号，可以随着自我介绍一起发给对方。

从节省时间的角度出发，我们也不需要每加一个人就给他发，可以批量添加之后，再群发给所有的人。如果对方有反馈，我们还需要抓取一些关键的信息，并且做好备注。

虽然这么做很烦琐、很累，但是，如果添加对方后就放置不管，其实也是在做无用功。

除此之外，如果有一些人反反复复出现在你跟他共同所在的几个群里，你可以主动同他们寒暄，这样会有额外的亲切感。

面对新添加的好友，需要一个培养关系的过程。如果你每天都会频繁发广告，针对这一部分人，可以分组设置，暂时不对他们开放全部的广告，等对方适应几天之后，再对他全部开放我们所有的朋友圈内容。

最后，分享第三个知识点，叫作圈子学习力。混圈子的同时进行多维度的学习。

如果是付费参加了相对高端的圈子，一定要学会向圈子里的优秀榜样去学习。

在我身边发展不错的人，基本上都是模仿、学习和行动能力特别强的人。

所以每加入一个圈子，我们需要做的是，在加入圈子的前几天，多互动，多学习。只有多花时间在新的圈子，我们才能更好地熟悉这个圈子。

学会从这个圈子里提炼出一些关键词，这些关键词可以是你想要学习的榜样的名字，或者是这个圈子里常常出现的、有质量的一些知识关键词。

比如说我的孵化平台最常出现的词是价值。我常常会提醒我的社员们，如果没有时间的话，可以每一天在微信群的聊天内容里输入这个词，去查找相关的内容。

另外，每个人都应该在加入社群之后做这样一件事，就是根据这个社群的定位，去修改自己在社群里的昵称。

如果说你加入的是学习型的社群，可以备注自己是一个终身学习者，或者是某个领域的学习者。

如果你加入的是副业赚钱的社群，你一定要在标签上，列清楚自己的副业标签是什么。

如果有人想连接我们，看到我们的标签就知道我们是做什么的了。

为什么混圈子还要提到学习力呢？因为我们加入这个圈子不仅仅是为了展示自己，更多的是想获得自我提升。如果能从这个圈子里学习到多维度的知识，我们会对这个圈子产生兴趣，并且会更愿意去表达自己的观点，这是混圈子非常重要的一点。

而且当我们在表达观点时，同时也在吸引其他人对我们产生兴趣。大家可以把本节内容分享到社群里，告诉别人如何提高社群学习力，我相信会吸引很多人的注意。

简单做个小结，圈子学习力一共有三点：

第一，向圈子里优秀的人学习；

第二，通过提炼关键词的形式，聚焦学习圈子里的重点内容；

第三，备注好自己在圈子里的定位，让大家方便连接自己。

以上就是我们本节的主要内容。本节的要点是：

第一，社群圈子的几种常见类型和混圈子的方法；

第二，打造社群“涨粉”的整个闭环；

第三，混圈子的同时，从圈子里学习多维度的知识。

最后，给大家布置一个思考和践行作业：

挑一个你正在参加的社群，主动申请做一次分享，相信你会有意想不到的收获！

## 第 19 节

## 公众号的红利期已过？你该拥有的主次平台生态圈

我们先来看第一个知识点：为什么公众号红利期已过，我还建议你开通公众号？

我是在 2016 年 1 月开通的公众号，印象非常深刻的是，公众号开通之后，至少 10 个人给我发私信："Angie，现在公众号红利期已经过去了，你为什么那么傻，还要开通公众号，浪费自己的时间？"

截至 2019 年 1 月，我开通 Angie 这个公众号已经有三年的时间了。仔细想想，如果当时我听从他们的建议，没有开通这个公众号，恐怕也就不会有现在的我了，更不会有这本书的出现。我的人生轨迹可能还是在职场上规规矩矩地做着一份普通的工作，下班之后照顾着两个小孩儿。其实这样的生活状态也不是说不好，但是，在有得选的情况下，我肯定更希望我是现在的自己。

我身边也有一些人比我还要晚开通自己的公众号，但现在也运营得很好。当然了，做任何事情，如果能够越早肯定是越好的，但这个早不是我们能够决定的。所以，最好的红利期，不是由外界决定的，当你开始去做，就是你的红利期的开始。

仔细回想一下你的过往，是不是常常会碰到一些机会，但是由于当时的犹豫，没有下定决心踏出第一步，或者是踏出了第一步，但没有坚持下来，最终未能得到任何机遇和红利？人生就是如此，只有敢于迈出第一步，才有后来的可能。

除此之外，我还想告诉大家的是，即便这一次的红利你抓不到，但是当你去做了，你在进入这个圈子后，是不是会比依然徘徊在外围的人，更容易抓到下一次的红利机会呢？

而且，即便没有抓到红利，没有把握住机遇，但是你的公众号一直在运营着，你的写作能力肯定会比之前要好很多，并且，你会越来越清晰地知道自己想要成为什么样的人，你对很多问题的看法，也会比以前的自己要深刻得多。

所以我建议你，在接下来的日子里，一旦你的头脑当中出现了什么想法，就马上开始去做吧，比如说你读完这本书之后，就挑一个你身边观察到的副业机会，着手去干吧，或者去开通一个公众号，让这个公众号去记载你今后的思考和想法。

现在的 Angie 同名公众号，其实是我开通的第四个公众号，前三个因为没有做好相应的准备，都做失败了。那么，如何才能相对容易地运营好一个公众号呢？

接下来我们学习第二个知识点：怎么做才能够相对顺利地运营好一个公众号？

首先，关于公众号的定位。大概有 80% 的人想要开通公众号但迟迟行动不了，为什么呢？就是因为想不明白自己公众号的定位应该是什么。

如果说我们花了一个月的时间，还是想不清楚自己的定位，建议你先把这个公众号开通起来。不要过分去关注这个公众号的定位，最开始你可以写一些关于个人成长和职场“干货”等类型的文章，内容包括职场感悟、学习方法、育儿思路等等。

等到运营起来之后，我们可以根据读者的反馈，再来慢慢定位。

大家都知道，想太多对现实是不会有任何改变的，只会阻挡你踏出第一步。

其次，公众号难以运营下去的一个很重要的原因是写不出文章。尤其是当我们对公众号的定位太窄，加上写文章的能力不足，就很难坚持下去。

所以我建议大家，在公众号开通之前，可以先写几篇文章作为储备。

在解决了公众号的定位和文章的写作问题之后，还有一个非常重要的因素是我们运营公众号的能力。如果不会宣传，写得再好的文章也没有人看。

万事开头难，建议大家在最开始做公众号的时候，稍微辛苦一点，每次写完一篇文章，一定要转发到朋友圈，并且一定要发到你所参与的所有微信社群中，必要的话，你可以通过在群里发红包的形式，请求大家帮你进行转发和分享。

最后，我们来看第三个知识点：什么是主次平台生态圈，该怎么做？

主次平台生态圈是指在我们所经营的平台中，只有一两个平台是最重要的，其他的平台都可以作为次要平台。

次要平台的全部流量，都要有意识地引入到主平台里。

我自己的主平台，一直是我的公众号。

为什么要有主次平台的思维呢？因为一篇文章写出来之后，你把它转载到其他平台所需要的时间成本其实是非常低的，我自己惯常的做法是一边听音频学习课程的内容，一边机械性地复制各种文章到不同的平台上去。

除了要把次要平台的所有流量都引入到主平台外，还有以下两点需要注意：

第一，所有平台的名字、个人标签形象照的统一。

常常看到很多人在微博上取一个名字，在公众号上是另一个名字，在个人微信上又是另一个名字，这样会让关注我们的人以为这是三个不同的人。

所以在这里建议大家一定要进行统一，好让留意到你的人觉得你是个很厉害的人，否则不会在那么多平台上都可以看得到你。

第二，主次平台同时经营还有一个好处是，可以多方位开发自己的潜力。其实每个人所适合的平台是不同的，比如说，我的好朋友 L 是简书上关注者最多的一个人，但他的公众号却没有简书号做得好。再比如说，我的另一个朋友 Q，他的公众号关注者不到两万人，但是在抖音上却有几百万人关注他。

也就是说，不同的人所运营的内容产品有一定的差异性，有可能因为平台“调性”的不同，每个人的主平台是不一样的。我们可以在自己所运营的所有平台当中，去确定哪个平台可以作为自己的主平台，哪些平台可以作为次要平台。

拿我自己来说，我的公众号做得并不算太好，但是我的主次平台思维，让我运营公众号的同时，也经营着“在行”这个平台的号。目前我是“在行”全国排名第一的行家，因为这个“第一”确实也给我带来了非常多的机会。

以上就是我们本节的主要内容。本节的要点是：

第一，为什么公众号红利期已过，我还建议你开通公众号？

第二，怎么做才能够相对顺利地运营好一个公众号？

第三，什么是主次平台生态圈，该怎么做？

最后，给大家布置一个思考和践行作业：

大家正在经营的所有平台当中，最主要的平台是哪一个，次要的平台又是哪一些呢？请把所有平台的名字、个人标签、形象照进行统一，并且在次要的平台里面植入你的个人公众号的 ID。

# 第20节
# 答疑环节

1.我是一个宝妈，因需要照顾孩子，四五年没工作了，现在孩子们开始上学，家里开支也大了不少！我近一年开始学习英语，可距离能无障碍交流还需要半年至一年的时间，自己学历不高，也没什么技能，我想咨询一下有适合需要兼顾家庭的宝妈发展的工作和机遇吗？

谢谢你的提问。其实宝妈探索副业的问题，我在前面已经讲过，为什么今天又会把这个问题拿出来再一次进行回答呢？因为我看到了一些比较典型的现象：

第一，我看到你提到自己正在学习英语，我想了解的是你学习英语的动机跟目的是什么？

我猜一下，是不是因为你认为英语是每个人都必须要掌握的技能，学了总是有用的呢？

这个动机其实是合理的，但是你最终的目的是什么呢？想从事和英文相关的工作吗？我身边有特别多的人对英文有执念，总认为英语学好了好像就有非常大的用处了。但是我想说的是，语言的学习，如果没有可使用的环境，大概是不可能学得特别好的。所以，我要给你的建议是，先把学英语这个行为停下来。

除非你非常确定未来一定要从事与英文相关的工作，否则还是把时间花在更重要的技能的学习上吧。

第二，你提到了自己没有什么技能，但是又想要去探索自己的副业。

那你就要分析一下探索副业必须具备的一些技能有哪些了。比如说“带货”的能力、经营朋友圈的能力、写文案的能力、营销的能力、运营社群的能力等，把你花在学英文上的时间全部用在这些维度上吧，相信能更快看见一些效果。

第三，你问到现阶段能开启的副业有哪些，微商、社交电商或者说在我的孵化平台里去做社群运营，这些都是门槛比较低的一些副业工作，还有需要一定能力的，比如知识付费、淘宝店铺、运营各种平台等。不过需要强调的是，无论门槛是高还是低，也不管你能否做好，你都可以尝试去做。

如果你选了这些门槛较低的副业，也别忘了积累你的能力。

最后，你提到自己全职照顾自己的宝宝有四五年的时间了，在育儿上是不是有什么心得体会，可以试着总结一下，并把它写出来，这也是在探索副业方面一个非常好的切入角度。

2. 我在小城市生活，周围的人群层次普遍不高，爱学习的人也不多，并且大家对在网上听课学习这些事情没太大兴趣，如何在这种环境中突破?

你的问题是如何在环境中突破，我个人认为可以分两个点来进行突破:

第一，你要脱离现在这种“温水煮青蛙”的环境。人是很容易被同质化的，当下这种环境是需要你去突破的。很多人是没有办法逃离自己所在的舒适区的，所以你要做好心理准备，当你想做和别人不一样的一些事情的时候，可能会有很多人觉得奇怪。但你要有自己的主见，不要活在别人的眼光里。

第二，互联网时代，最大的优点是，地理距离不再成为距离。没有人说你探索副业一定要从周围的人去突破，从这个角度出发，你并不需要进行突破，你只需要把你的方向和学习意识调整成在线上进行各种连接就行了。

无论是我的“价值变现研习社”，还是课程训练营，我的学员有很多都是小城市的。所以，地理位置并不会成为你发展的阻力，任何地方都有和你同频的群体，只是一线城市会多些，三四线城市相对少一点，但依然能找到。

建议你在未来参加任何课程时，多留意一下有没有跟你一样是在三四线城市，但是副业做得还不错的人，你可以把对方列为榜样。并且你一定要相信，你肯定不是孤单的，等能力累积到一定的程度，你可以在当地发起一些公益组织，从公益组织做起，慢慢建立一些群体，共同在线下去学习和成长。

3. 我的圈子多是同龄人，40 多岁的人不太喜欢发朋友圈，生活压力大，对生活缺乏激情。请问，40 多岁的人如何突破这种困局？

谢谢你的提问，你的问题其实已经包含了很多隐形答案了。

第一点，圈子都是同龄人怎么办？

那就去接触各种不同的圈子，可以看看自己生活的城市会不会经常举办一些线下活动，有的话主动去参加，或者先参加一些线上的可以互相交流的社群。

第二点，40 多岁的人不太爱发朋友圈，怎么办？

如果你不想让原本认识你的同学、朋友、同事知道你的近况，你可以新开一个微信号，用来添加在互联网或者是线下活动认识的人，或者你可以对现有的微信好友进行分组，再有针对性地做个人状态的更新。

如果你想要发朋友圈，但不知道怎样更好地表达自己，那就去学习一些经营朋友圈的方法，或者尝试从自己学习到的一些内容出发，激发自己发朋友圈的欲望。

第三点，生活压力大，对生活缺乏激情，怎么办？

谁的生活压力不大呢，只是每个人的压力不一样而已。有些人为自己想成为什么样的人而纠结，有些人只是在为柴米油盐酱醋茶而担忧。

所以你要了解清楚自己压力大以及生活会缺乏激情的原因，从中找到解决问题的一些思路。

如果你觉得每天的生活太单调，那就多去参加一些线下活动，去接触不同类型的人。

第四点，我的社群里有一个41岁的姐姐也在三线城市生活，她在去年加入了我的社群，现在也有了一些自己的副业项目。所以，怎么突围，其实跟年龄没有太大关系，如果你现在才20岁，不去行动的话依然是没有可能突围的。

4.现在朋友圈微商特别多，已经成了普遍现象。如果现在想做微商的话，是不是太晚了？而且产品种类众多，如何才能挑选到一款适合自己，并且可做长线的产品呢？

我在前面讲过，最好的红利期，不是由外界决定的，而是由你自己决定，当你开始去做，就是你的红利期的开始。

除此之外，还要告诉大家的是，即便这一次的红利你抓不到，但是起码你进入了这个圈子，是不是会比依然徘徊在外围的人，更容易抓到下一次出现的红利机会呢？

即便没有抓到红利和机遇，你的能力，一定也会比完全没有行动起来去尝试抓住机遇的人要好很多。而且，你会越来越清晰地知道自己想要成为什么样的人，对很多问题的看法，也会比以前的自己要深刻得多。

那么，如何挑选一款适合自己并且能够长期做的微商产品呢？

第一步，这个产品是你自己用过并且有效果，你内心深处是认可的。

第二步，既然产品是好的，那你就要琢磨怎样做才能把好的产品推广出去。

推广的方式可以参考以下几种：

第一种：通过朋友圈进行推广，那你就需要去学习一些在朋友圈营销的技巧。

第二种：赠送给周围的亲朋好友使用，口碑是最好的营销。

第三种：在自我标签上标明自己是做这款产品的，让大家在想要购买类似产品的时候会想到你。

第四种：向身边做这款微商产品做得好的人学习，必要的话，付费向他请教方法。

第五种：去学习和这个产品相关的一些知识，和其他人的产品做到差异化。

以上建议的多种方法，你不需要都去尝试，只需要挑一个方法先行动起来就行。

5. 打造个人品牌我觉得很重要，虽然自己会很多技能，但每一项技能都不太突出，我是应该专注其中一项还是多项同时发展？

谢谢你的提问。

我的建议是：

第一步，先专注把其中一项技能做到最好；

第二步，去研究自己用了哪些方法把这样一项技能做到最好；

第三步，把这些方法用到发展其他能力上。

在这个时代，只拥有一种能力一定是不可能把个人品牌打造好的，你必须拥有多种复合能力，才能达到打造个人品牌的效果。

以我自己为例，我身上第一个突出能力是时间管理能力，我把所有的时间、精力和金钱都放在研究和发展这项能力上，等到这项能力成为我身上的强标签之后，我再将同样的方法用于其他能力的发展上。所以，现在我的身上有很多标签，个人品牌也越来越有辨识度。

# 第 3 章 >>>

# 少走弯路，实现主副业完美平衡

◎ 故事影响力：打造“吸睛人设”

◎ 第一效应：数字化百倍放大你的影响力

◎ 圈子影响力：如何连接高质量社群

◎ 成为作家：非科班出身最快出书的秘诀

◎ 副业赚钱蓄水池：搭建你的多维收入渠道

◎ 课程打造法：三个秘诀，打造属于自己的爆款课程

◎ 如何通过运营打造高价值付费社群，实现副业赚钱

◎ 副业赚钱方式：找到最适合你的赚钱模式

◎ 我的主副业如何才能实现完美平衡

◎ 变副业为主业的三个标准，你符合吗

◎ 避开做副业遇到的“坑”，带你少走弯路

◎ 答疑环节

## 第21节
## 故事影响力：打造“吸睛人设”

我的第一本书《学习力：如何成为一个有价值的知识变现者》，开篇的部分全部采用故事+方法的结构来写，收到了很多学员的留言：Angie老师，你的书我特别容易看进去，就连我那从来不看书的老公，看了后都赞不绝口，一个又一个的故事让人忍不住想继续往下看。

当今时代，讲故事的能力是每个人都需要掌握的一种能力，每个人都应该学学如何讲好故事。对于想要探索副业的你来说，一定要学会讲具备“吸睛”效果的故事。

接下来，我们来讲提高故事影响力的第一个知识点：故事性文章，写出身份认同感。

身份认同感，是指我们本身具备的身份，吸引了和我们拥有同样身份的人对自己的关注。

前几天，我在朋友 S 的公众号上看到了这样一个故事：

有一个人，他从小上国际学校，大学上名校，毕业后找到了一份好工作，后来自己创业，成为一名财富新贵，年薪千万，听上去是不是很厉害？

如果他小时候是普通人，确实很厉害。

但如果我告诉你，他是一个富二代，家产过亿，你还会觉得他厉害吗？

并没有，对不对？家产过亿年薪千万，就和家产百万年薪十万一样，你觉得他活成这样是应该的，起点这么高，要是最后一不小心活成工薪族，那简直就是败家呀。

听完这个故事，你的第一个感受是什么？

写出身份认同感的第一步：不用担心自己出身普通，低起点才能带来身份的普遍认同感。

根据“二八法则”，这个世界上发展得好的人只有 20%，甚至都不到 20%，大部分人都是普通人。

如果你自身很厉害，其实已经没有必要通过故事去吸引其他人对你的认可和关注。而且自身已经很厉害、出身很好的人，即使后面更成功了，可以值得我们借鉴的点也不多。说得简单一点，你那么优秀，但是跟我一点关系都没有。

所以你根本不用担心自己起点低，起点低更有写出好故事的素材。

写出身份认同感的第二步：罗列出自己所有的身份标签，再一条条去做自我分析，看看什么样的身份能够吸引到其他人对自己的身份认同。

以我自己为例：

我是两个宝宝的妈妈，可以吸引到同样是宝妈或者是有两个宝宝的妈妈的身份认同。

我是互联网运营总监，可以吸引到同样从事运营工作岗位的职场人士。

我是二本院校毕业的学生，常常有人给我留言说：我也是二本院校毕业的。

我的第一份工作是客服，会吸引到同样是客服工作岗位的职场人。

我是广东梅州人，也常常有很多人给我留言说是我的老乡。

当我们的故事里出现了这些身份标签后，和你拥有同样身份的人，莫名会觉得和你很亲近。

当然，身份认同不只是简单地告诉别人你的身份是什么，而是要带有故事性的描述，比如说，我是两个宝宝的妈妈，在怀二胎的同时，我并没有放缓自己的脚步，而是一边养胎，一边做特别多的其他事情。

也就是说，不怕身份普通，但是你要为你这个普通的身份去赋予一些不普通的故事。

当然也不是说所有的身份都需要有故事背景，有些身份的存在是为了让别人一看到就觉得“我跟你是一样类型的人”，但是一定要有一些有故事的身份，用来吸引大家对你产生兴趣。

可能你会说，我的职业身份没有什么故事，我很普通，那你就需要在接下来的时间里，为你的这些身份去创造一些故事。

写出身份认同感的第三步，有意识地为自己积累身份认同感的故事素材。

举个例子，生完小孩之后，你花大量时间研究了该怎样进行育儿，并且把这些育儿的方法通过发朋友圈的方式分享给很多同样是妈妈的人知道，其他妈妈听了之后也会觉得特别有效果，那么这就是你的身份认同的故事了。

每个人都可以为自己创造身份认同的故事，关键在于我们有没有这么做的意识。

故事除了用在写文章让其他人对自己有认同感，还有一个很重要的作用是，在销售产品时，写故事性的文案更容易吸引读者下单。

接下来我们进入本节的第二个知识点：故事性文案，把产品卖出好销量。

把产品卖出好销量的秘诀是：用真实故事告诉别人，正在销售的产品的来龙去脉。

先来讲一个故事：

三年前一个周六的下午，贾伟和不到两岁的小女儿以及女儿的爷爷在家看电视。女儿突然说想喝水，爷爷主动去倒了一杯水，

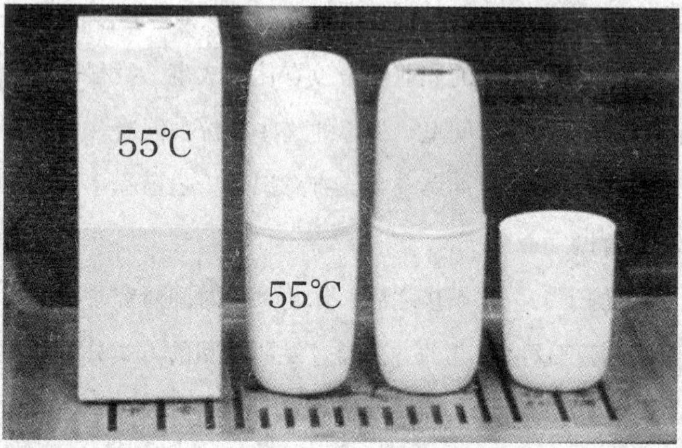


但由于水刚烧开，水温接近100℃，爷爷害怕孙女儿碰到，就将水杯放到了桌子的中间。

事故之所以称之为事故，是因为它的发生超乎你的预料，且往往是一瞬间。贾伟万万没有想到，盛水的杯子上有一根绳子，还不到桌子高的女儿跳起来抓住了那根绳子。水杯倒了，热水洒在女儿的脸部和胸口。

小孩子的皮肤最是娇嫩，立马就红肿起来了，烫伤很严重。

贾伟决定为自己的女儿，或者说要为全天下可能和他女儿一样遭受此不幸的孩子们设计一个“降温神杯”。经过三年时间的努力，他终于找到了一种可以让液体瞬间降温的材料。贾伟用这个材料做了一款杯子，给它取名叫“55℃杯”。100℃的热水倒入杯中，只需摇晃10下就能变成55℃，女儿以后喝水就再也不会被烫到了。

这个故事在互联网上非常火，让产品的销量也变得异常火爆，不到一年的时间，就卖了 50 亿元。这就是故事生产力。

拿我自己做例子，我的时间管理特训营一直都非常畅销，一个非常重要的原因是：我用了自己课程当中讲到的时间管理方法，从一个非常普通的职场人士变成了一个能够高效管理时间、做好自己工作的同时又能经营好自己的副业的高效能人士。

这样一个高效能人士的故事，让我的时间管理课程成了畅销品。

所以，如果你有一款副业产品，一定要为你的副业产品去设计多个不同版本的故事，让你的产品自带宣传属性。

最后来讲故事影响力的第三个知识点：故事性演讲，讲出个人影响力。

问大家一个问题，每个人几乎都参加过各种各样的分享课程，当听完一个人的分享之后，印象最深刻的会是什么呢？

我自己最喜欢听的一类演讲是既有干货，又有案例的这种类型。

另外，我发现每一次在不同的场合做演讲，如果纯粹是讲方法论，并不能够让大家对我产生兴趣。但是，如果在演讲过程当中，去分享自己真实的故事，会瞬间让大家产生兴趣。

我听过的一个让我印象最深刻的故事是，一个做演讲课程的老师，在年会上分享的她作为记者去参加汶川地震救援活动的故事。

PPT 上是一张满是废墟的照片，她自己在演讲的过程中，情感非常充沛，并且将细节描述得很到位。

当时她正在救援被埋在土里的一些当地人，突然听到了远处传来的呼喊声，一开始听得不是很清楚，等听明白了才知道是叫他们赶紧跑，因为救援现场附近的山坡就快要坍塌了。

按理说在这样的情况下，她应该拔腿就跑，但是她的腿像灌了铅一样完全没有办法站起来，嘴里还一直喊着让其他人赶紧跑、赶紧跑。

她以为自己的人生就要终结在这个时候了，庆幸的是，身边同样在做救援工作的一个小伙子，硬是拽着她，并且不断地鼓励她站起来，拉着她一起跑。

因为小伙子的不放弃，才有了她现在的生命。

在那之后，她觉得人生当中任何困难都不再是难题了。

我在现场听得直接就流下了眼泪，对她的喜爱又更深了一层，因为她是有故事的人，并且她看起来特别从容和淡定。

故事性演讲有四个非常重要的点。

第一点：把故事讲得具有画面感，也就是要尽可能多地去描述带有场景情境的故事；

第二点：配上相对应的 PPT 图片；

第三点：情感要充沛，声音要自带能量；

第四点：结尾要升华、提炼金句。

最后，值得一提的是，所有的故事本身一定要是真实的，无论我们做什么事，都应该从长远的角度出发，因此，真实才最有说服力。

以上就是我们本节的主要内容。本节的要点是：

第一，故事性文章，写出身份认同感；

第二，故事性文案，卖出产品好销量；

第三，故事性演讲，讲出个人影响力。

最后，给大家布置一个思考和践行作业：

如果从你的身份里延伸出一个故事来，会是怎样的一个故事？期待你书写出属于你自己的第一个故事。

# 第22节

## 第一效应：数字化百倍放大你的影响力

在进入本节主题之前，先带大家了解下“全平台第一”和“细分领域第一”这两个概念。

什么叫作“全平台第一”？我是“在行”这个咨询平台全国排名第一的行家，因为我在这个平台上的线上线下约见次数是3000多次，比其他咨询行家都要多。

什么叫作“细分领域第一”？因为有时候我们没有办法做到“全平台第一”，而且“全平台第一”只有一个人，但是细分领域就可以有比较多的人了。“细分领域第一”就是指当你发现这个平台确实可以给排名第一的人“强背书”之后，可以尝试在这个平台里面找到跟自己的标签或者是能力契合的一个小的领域，在这个小领域里，将自己打造成为第一。

我的朋友Q的运营能力非常强，所以他的聚焦点是把自己打造成“在行”运营领域全国排名第一的行家。

简书平台有“简书签约作者”这样一个身份标签，我的另一个朋友 M，发现自己没有办法在简书平台上拿到“粉丝数排名第一”这样的称号，但他知道简书平台的影响力比较不错，于是他飞到上海，去简书公司拜访了老板，拿到了“简书平台第一采访人”的称号，他借着这个称号去做了特别多的事情，个人的名气也越来越响亮。

以上两个例子，都是从能力上出发的“细分领域第一”。还有另外两个思路，一个是地理上的，另一个是目标受众群体上的。

从地理上出发，比如说你是华北区或广东、上海、北京等某领域排名第一的人。

从目标受众群体上，以我为例，讲时间管理课程的人特别多，但是讲“妈妈时间管理课程”的人并不多，在听过我的时间管理课程的妈妈人群数量上，我是全网排名第一的。这就是时间管理这个大领域里妈妈群体细分领域第一的标签打造法。

当你真的拿到“第一”这个殊荣之后，不要浪费掉这个“第一”可能给你带来的内部资源。

接下来，我们来看第二个知识点：“第一”的对内效应，善于向平台连接资源。

第一步，当你成为某个“第一”之后，这个平台的内部员工一定是会注意到你的，所以，你需要做的是主动去跟他们进行连接。

基本上所有的平台都会根据分类相应地去建立用户的社群，而且群里一定会有工作人员。你可以主动添加工作人员的微信为好友。通过自我介绍，让对方对自己有更深的印象，拉近双方之间的关系。

第二步，当他们有一些活动需要你配合的时候，一定要积极地响应和配合。

我印象当中特别深刻的是，“在行”每一次邀请我配合他们做优惠券活动，我都会快速调整自己活动的时间节奏，非常积极地给予配合。

人和人之间的感情是在互相帮忙之后加深的，你帮了对方之后，对方一定会记得，他会以一些你意想不到的方式来回馈你。

当他们的平台开通一些新的业务的时候，会第一时间来找你。

第三步，当你发现这个平台有一些不错的机会的时候，可以主动去询问自己能不能获得这样的机会。

我之前犯过一个错误，总认为机会会来找自己，所以总是被动等待。后来我才发现，当你发现一些机会适合自己的时候，应该主动去问一问。这样不仅对自己不会有任何的伤害，还有可能通过这样的契机，让你得到意外的收获，而不是白白错过了机会。

接下来我们来看第三个知识点：“第一”的对外效应，标签营销化，借助平台给你带来的势能。

在职场上，如果你所在的企业是比较知名的企业，在做自我介绍时，你一定会提到自己在这家知名企业上班，对不对？

央视前知名主持人青音就说过，当她还在央广做主持人时，自我介绍会特别简单，提到央广就够了，大家都知道。

同样，我们在探索副业、打造个人品牌时，用标签的形式借助平台的优势也很重要。

如果说，你想要打造自己的个人品牌，探索自己的副业，在标签化这件事情上，有三个点是一定要克服的。

第一点是不敢对自己贴标签。

我们要敢于给自己贴标签，不单是做，更重要的是及时对自己贴标签。

完全不知道我们是谁的人，最开始肯定是通过标签来了解我们的。

为什么平台具备给我们带来势能这样一种作用？是因为当外界在还不了解我们的情况下，如果有平台背书，可以让外界借由对平台的信任，从而对我们产生兴趣和信任感。

第二点是自身不具备标签所对应的能力。

被标签吸引过来的人，他们也有自己的判断能力。如果你的能力与标签所要求的能力不符，就不会得到人们的信任。这就像你在逛街买衣服，有一家时装店的门面装修得特别好看，而且上面备注着职业套装专卖店这样的字眼，你正准备买职业套装，但是你进去之后发现里面职业套装的占比为 10% 以下，我相信，你很快就会退出这家店。

所以我们也需要清晰地了解到，这个标签所要求具备的能力有哪些。让自己的实力跟得上这个标签，才能对得起这个标签。

第三点是到处贴各种各样的标签，却没有一个能聚焦的标签。

如果我们每一次发力都是发散的，那我们的能力就真的很难聚焦了。

当你发现自己所依托的平台，确实可以给自己带来一些好处的时候，你也要快速做聚焦，把时间和精力都放在和这个平台的捆绑营销上。

我的第一个时间管理特训营上线的时候，是通过“在行”报名的，所以“在行”一下子就涌入了一两百个陌生的、从来没有使用过这个平台的用户进去。

这一下子就让“在行”也关注到了我，我也继续在这个平台上发力，我后面所办的第二、第三期训练营的学员都是通过“在行”报名的。

我把这个方法分享给了身边的一些朋友，他们用了这个方法之后，很多人也都成了自己所在细分领域的第一人。

同时，“在行”平台也结合了我提出的一些思路，后期推出了很多线上训练营，这其实就是一个双赢的效果。

有很多人都是因为我了解到了“在行”平台，我也因为“在行”平台被越来越多的人所知道，我也会把这样的一个信息反馈给“在行”平台的工作人员，这样我们之间的关系就会越来越紧密了。

以上就是我们本节的主要内容。本节的要点是：

第一，了解两个概念——“全平台第一”和“细分领域第一”；

第二，“第一”的对内效应，善于向平台连接资源；

第三，“第一”的对外效应，标签营销化，借助平台给你带来的势能。

最后，给大家布置一个思考和践行作业：

你的标签里面有没有一个标签是和一些平台有联系的？如果有，可以深入研究这个平台的特点，找到某个细分领域作为切入点，同时保持对一些新平台的敏锐度。当你有了这样一种意识之后，会更加有机会成为新平台、新领域的第一名。

# 第23节
## 圈子影响力：如何连接高质量社群

你们有没有发现，打开自己的微信，自己加入的群有无数个。

每天都被各种各样的社群信息轰炸，但真正有用的社群占比很低。

有没有一个社群，是你特别珍惜的，每一条信息都不会错过？

我有。

接下来我们来看本节的第一个知识点：如何定义一个高质量的社群？

其实一个社群是否高质量，并不是别人帮你决定的，而是我们自己的判断标准，每个人都要有自己的社群标准。

当你有了一套标准后，也是在帮助自己做决定，到底要加入怎样的一个社群。

我判断是否要加入一个社群一般有三点：

第一，这个社群是收费的；

第二，这个社群有自己独有的规则和运营方法；

第三，这个社群的创始人是我认可和喜欢的。

以上三点是判断一个社群是否为高端社群的前提。

正式加入这个社群之后，我还会有第四个标准：这个社群能否给我带来有价值的提升。

这个价值包括认知的刷新、技能的提升、人脉或者是资源的连接、红利机遇的判断、是否有可能和社群里的人达成合作、创始人会不会持续有新的东西分享出来等等。

并不是说，以上的几点要全部符合才是有价值的，符合的越多，在我看来就是越优质的社群。

除此之外，高端的社群一定有的一个特点是：你会在里面遇到比自己厉害的人，不再觉得自己是最厉害的。

我相信在这种情况下，每个人都会产生焦虑感。想起我常常分享给大家的一句话：如果你比周围的人都优秀，没有什么好骄傲的，这恰恰证明你应该要升级圈子了。

不过我身边也确实存在一些人，就希望自己是人群当中的佼佼者。如果你也属于这种类型，除了去参加各种各样的高端社群之外，更应该自己建立这样一个社群，在实际运营社群的过程中，去摸爬滚打，去提升自己的能力。

关于什么才是高质量的社群，不同的人会有不同的标准，同一个人在不同阶段也会有自己不同的思考。所以，在加入任何一个社群之前，养成一个习惯，问自己一个问题，我想要从这个社群里面得到什么?

当然，未知的旅程也不是不好，但有一句话说得好："我看见才能够更容易相信。"当我们在社群里看见其他人做成一件事情之后，会觉得即使这样一件事情离自己很遥远，也会相信自己是有可能办到的。

这也是社群存在的魅力，它让你原本平凡无味的人生，增加了很多我们想象不到的可能。

接下来，我们来看第二个知识点：如何多维度连接一个高质量的社群。

其实第一个知识点里面提到了我的一些标准，同时也说明了应该从哪些维度去连接一个高质量的社群。

那么为什么要多维度地去连接一个高质量的社群呢?因为高质量的社群大部分都是要付费的，如果我们没有办法创造收益，其实就是没有利用好这个社群。

在我看来，我们所付出的成本除了付的钱之外，还有我们的时间和精力成本。

所以一定要学会多维度地从一个高端社群里面去获得价值。

接下来我从旁观者和参与者两个角度进行展开。

旁观者角度有以下四点：

第一，了解社群运营的方法，同时问自己哪些方法是自己在未来建立社群时用得上的。带着这种解决问题的心态去学习，得到的答案会不一样。

第二，建立一份认知升级清单，将你在社群里观察到的所有能让我们的认知得到升级的内容全部记录下来。

第三，建立一份人脉连接清单。不用急着添加群里的人为好友，但是可以把想要进行连接的人脉纳入清单里，找一个最合适的机会去进行连接。

记得有一次，和我同在一个社群里的一位老师，推出的新课想要找人助推，我第一时间联系了他，并且在公众号进行了推广，这样他就对我有了初步的印象。之后，我们还在他的主场活动里见了面，他对我就有了更深的印象。后来，我的新书邀请他做推荐，他很爽快地答应了。

第四，建立一份资源收集表。清晰地知道自己现阶段的发展需要什么资源，并且分析拥有这些资源的人需要什么样的帮助。看看自己是否有可以帮助对方的地方。

接下来是参与者角度，一共有三点：

第一，当你判断这个社群的价值很高，那你一定要去参加线下的活动。只有线下活动，才能够让人跟人之间的关系走得更近，并且一个高端社群一定是会有线下活动的。

第二，了解清楚整个社群的玩法，迅速判断自己适合参加哪些环节。我的收费上千元的高端社群里，有一个职位叫作“主理人”。每一个申请这个职位并成为主理人的人，整个月的收获特别大，这是个人能力提升非常重要的一次锻炼。

第三，申请成为社群的运营志愿者。虽然成为社群的志愿者需要付出更多的时间和精力，但是很多参与我的社群志愿者服务的人，不止一次跟我说，在志愿服务社群中的收获，比当旁观者要多好多倍。

最后，我们来看第三个知识点：连接高质量社群的目的是达成合作。

这些年，我参加过各种各样不同的高端圈子。关系能够维持下去的，有一个非常明显的特点，就是我们之间有过合作。因为只有在合作的过程中，彼此才能更加了解和更深度地连接。

所以，这些年我也尝试过非常多的各种各样的合作，甚至有一些合作，其实本身没什么盈利点，但我依然会去做，因为相较于短期的利润来说，人脉有时候会更加重要。

而且我也需要通过持续的、广泛的合作，为自己找到越来越多正确的方向。

那么，怎样才能做到“达成合作”呢？有什么样的标准吗？这里有三个角度：

从付费的角度出发：在社群中找到你想要连接的人，进一步为对方付费，可能是他的书、他的产品、他的社群、他的课程，或者是一对一去约他的咨询。

从协助合作角度出发：申请去成为你想要连接的人的助理，近距离和他一起工作。

从平等合作的角度出发：如果你有一些好的新的项目，认为能够给对方带来价值的，主动去进行连接和沟通。

以上就是我们本节的主要内容。本节的要点是：

第一，如何定义一个社群是否高质量？

第二，如何多维度连接一个高质量的社群？

第三，连接高质量社群的目的是达成合作。

最后，给大家布置一个思考和践行作业：

结合本节第一个知识点提到的，设立一份属于你自己的高端社群的标准，并且从目前正在参加的社群里，挑一个作为接下来最重要的并且要深度参与的社群。

# 第24节

# 成为作家：非科班出身最快出书的秘诀

首先来看本节的第一个知识点：什么情况下应该出书，出书有什么作用？

先分享一下我写作和出书的一些过程，方便大家了解基本情况，看看是否有值得大家借鉴的地方。

2015年，我才开始写作，那个时候的写作就是练笔，看了一本书后写写读后感。坚持写下去，让我对知识有了更深入和系统的理解，为之后写公众号奠定了坚实的基础。

2016年4月，在开通公众号后的第三个月，我写的文章开始以职场和个人成长两个方向为主。当关注者仅有3000多人时，我收到了某出版社编辑在公众号后台的留言，问我要不要出书。

我的第一反应是，这不太可能吧？第二反应是，好，我要出书！

经过反复的电话交流和见面沟通，最后于2016年10月签了出书合同。2017 年 3 月，我交了初稿。2017 年 11 月，我出版了人生中第一本书，销量还不错，并且被评为 2017 年“当当网年度十大新锐作家”。

根据我的经验和从周围朋友那儿了解到的情况，普通人要出书，一般会有两种情况。

第一种：有一定的粉丝基础，并且有一定的名气，写的文章还不错，不需要付任何费用就可以直接出书。

第二种：没有粉丝基础，没有知名度，写的文章一般，出版社编辑在跟你签合同的时候，会对你有一些要求，一般要求你在书出版之后购买一定数量的样书作为保本。

那么出书对自己到底有什么帮助呢？

第一，有了作者的标签，有利于个人背书，能扩大个人影响力。

第二，因为购书的成本较低，让用户了解我们的门槛也大大降低。

第三，写书跟写文章是不一样的，写书是整体结构的梳理，不仅需要你有一定的知识储备，也需要你有统筹全局的能力。写完书之后，你对自身知识的梳理也会更上一层楼。

所以，建议每一个想要打造自己个人品牌的人，尤其是在自己擅长的领域里，有一定经验积累的情况下，可以考虑出一本书。

听到这里，你可能会说，我也想出一本书。但是，怎样才能够写出自己人生中的第一本书呢？接下来我们进入第二个知识点：非科班出身，出书的内容构成四要素。

自媒体人出书，有一个非常常见的做法，就是把个人公众号里比较热门的、好评度比较高的文章挑选出来，按内容进行重新归纳，理出不同的章节，出版成书。

最开始的时候，我也想以这种方式出书，但想清楚之后会觉得，以这种方式做出来的书质量不是太高。

在我看来，出书的内容构成有四个要素。

第一个要素，开头一定要写全新的内容。

如果出的是第一本书，你可以把自己比较有借鉴意义的人生经历，以故事加方法论的形式写出来，放到第一章或者第一篇。

以我自己为例，出的第一本书的第一篇文章写的是自己从大学到出书前一年的一段人生经历。而且，我把每一个成长阶段会用到的方法都写了进去，比如我从大学时就开始设定每年的个人目标，我将这种设定目标的方法嵌入故事中，收到了非常多的好评。

这样做的一个好处是，大家愿意读完你的书，因为故事总是引人入胜的。

第二个要素，整本书要有详细的框架和目录，目录中至少要有一级标题和二级标题，每个大的章节下面由3—8篇文章构成，

这样会让人觉得，书的条理非常清晰。

我在写书的大纲时，参考了很多我喜欢的作家写的书的目录，最后选择了用章标题 + 章标题下面 3—8 篇文章的构成形式。大家可以去看我的书《学习力：如何成为一个有价值的知识变现者》，应该可以从中得到一些启发和思考。

第三个要素，书的后记必须是新写的内容，可以写你最近的一些新动态，或者是一些新的计划，让大家对你有更多了解，以及对你未来的人生规划有一些憧憬和期待。

第四个要素，整本书的内容占比构成可以参考：1/3 为公众号的文章，1/3 为新写的文章，另外 1/3 为自己课程的精华内容。

这样做的好处是，我既不会在写作时感到特别有压力，又能让读者读起来觉得新颖而有“干货”，这样就是一本很棒的书。

我把自己的写书方法分享给身边很多和我有类似情况的公众号的朋友，他们都觉得这样的构成形式使写书的压力不大了。如果你读到这里，还是觉得写作压力很大，可能是你目前暂时不适合出书，还需要继续积累和提高。

接下来我们来看第三个知识点：出书后，全国签售很重要。

根据我的了解，大家对出书是有误解的：

第一，书出版之后，大家认为作者手上有取之不尽的书。

第二，书出版出来就行了，出版社会帮我们销售。

真实的情况是，作者手上只有出版社给到的几十本样书，而且，像我这样的销售的主力军还是自己。

书出版之后，有一件事情非常重要，若感到新书有一定的影响力，可考虑签售。但是你一定要跟出版社沟通好，让出版社帮你去争取一些资源和做一些宣传。

如果出版社有资源的话，你在全国签售的落脚点大致是以书店为主。

如果出版社给不了资源，你就需要去连接想要去签售的当地的一些公益读书组织，比如趁早读书会等。

如果你自身有资源，那就多去做各种类型的宣传；如果你的粉丝有资源，那就借助他们在当地做各种类型的签售会。

以书带动自己的影响力，在全国多做一些签售活动，你会发现整个人的品牌影响力，都得到了很大提升。

写书不是一件容易的事，但它也没有你想象中那么难。如果你未来有出书的梦想，希望你现在在看的每一本书，都以作家的角度去研究一下。期待你能够早日出书。

以上就是我们本节的主要内容。本节的要点是：

第一，什么情况下应该出书？出书有什么作用？

第二，非科班出身，出书的内容构成四要素。

第三，出书后，全国签售很重要。

最后，给大家布置一个思考和践行作业：

挑一本你读过的最喜欢的书的结构去做研究，假设让你也出一本类似的书，写出你的大纲。

## 第25节 副业赚钱蓄水池：搭建你的多维收入渠道

做任何事情，如果一直没有进步，任何人都会感到缺乏成就感，会丧失继续前行的动力。尤其是在职场中，如果一直都没有机会升职，我们需要主动去思考，究竟是自己的能力问题还是公司确实没有升职的空间了。

同样，很多人无法长期坚持做副业，其原因大概是所从事的副业一直很单调或者投资回报率不高。

本节给大家分享如何搭建副业蓄水池，让自己有越来越多的副业收入。

我们来看第一个知识点：如何从做公益开始，赚到第一笔副业收入。

我在探索副业赚钱将近一年时，才有了副业的第一笔收入，而且第一笔收入很少，只有几百元。

在那之前，我做过非常多的项目。比如我在淘宝上开了淘宝店铺，会将一些价值比较低的产品设置为免费产品，送给周围的朋友作为体验。我也写过非常多的免费文章去投稿，做过不少一对一的公益咨询，也有很多平台邀请我去做分享，但都没有任何费用。

我的第一笔副业收入是从咨询平台上获得的，得到第一笔咨询收入之后，我才意识到，原来我是可以通过做副业实现价值变现的。

从公益到收费，只是一种思维的转变。所以，我们要善于借助平台的力量，来帮助自己获得副业收入。

比如我的“价值变现研习社”，很多学员在入群之前没有收费的意识，当看到有人在社群里将打磨出来的产品收费后，才意识到原来自己也是可以进行收费的，所以平台可以唤醒我们收费的意识。也许收到的费用并不多，但是开启收费的意识是非常重要的。

另外，在做公益项目时，我们要重视得到的好评和反馈。

受到好评后要记得发到朋友圈，让身边的人知道你正在做这样一些事情，等到他们未来需要相对应的服务时，相信我，他们第一时间会想到你。

当然，要想在副业赚到钱，最重要的一点是我们提供的东西要物超所值。无论是我们卖出一款实体产品，还是我们做咨询或者是讲课，一定会得到别人对产品或者是我们课程的点评和反馈。我们要根据大家的点评和反馈，去不断提高自己的能力。

以上就是从公益到收费的转变过程，希望对大家有用。

接下来我们来看第二个知识点：如何一步步增加副业收入渠道。

先分享一下我的副业收入的多个渠道：

1. 做代购：在淘宝、朋友圈销售海外买回来的产品；

2. 写育儿文章得到的稿费；

3. 做一对一的付费咨询；

4. 平台邀请我去做分享的课酬费；

5. 时间管理等多个训练营的收入；

6. 分销别人的课程的分销收入；

7. 会员课程的收入；

8. 半年制“价值变现研习社”的收入；

9. 企业内训的收入；

10. 公众号接广告的收入；

11. 公众号流量的广告收入；

12. 公众号打赏的收入；

13. 和其他平台合作开课的收入；

14. 分销天猫上一些品牌用品的收入（这个属于社交电商的范畴）；

15. 我的孵化平台上其他老师开课的分成收入。

以上是我探索副业之后，所获得副业收入的 15 个平台。

可能大家会觉得，是不是这些收入都特别高？不是的，这些收入有每个月只有几十元的，也有每个月高达上百万元的。

副业收入渠道多了后，副业收入自然就多了。所以，增加副业收入渠道的第一点是：不要嫌钱少，要多去尝试，因为有时候我们不能纯粹用钱来衡量一个收入渠道的价值。拿投稿赚稿费这个收入来说，收入很低，但价值很高，因为它可以让你持续锻炼自己的写作能力。

很多人在探索副业初期，会过分计较收入，但如果过分计较的话，就很难让你提升能力。比如，现在一对一咨询在我的收入里占比是极低的，但是一对一咨询对我来说有两大好处：一方面，通过一对一咨询，我能够更加了解目标用户的真实想法；另一方面，通过一对一咨询，我能够真真实实地帮助他人。如果既能够帮助他人，又能够赚到钱，而且还可以不断地提升自己的能力，那当然是要继续往下做的。

增加副业收入渠道的第二点是：不要总喊着“做减法”，在你还没有成功之前，你需要通过不断“做加法”来提升自己的能力。

主副业同时进行并不是一件很轻松的事情。想想看，我们的身份多，相应地，我们要做的事情也会变多。这样虽然会更忙碌，但这对一个人能力的提升也是有很大帮助的。

增加副业收入渠道的第三点是：尽量从自己的能力出发去拓展副业渠道。举个例子，我能够讲课，我可以在自己的平台开训练营，获得一个副业渠道的收入，也可以跟其他平台来进行合作获得收入。这两个副业渠道所需要的能力是一样的，那么我就不需要额外花更多时间去提升自己的能力，就能获得副业收入渠道的增加。

接下来，我们来看本节的第三个知识点：找出副业里的主要营收项目。

此前，我曾提到不建议大家做减法，但是，人的时间和精力是有限的，在最初期不建议大家做减法，不意味着一直要做加法。那么，什么情况下要去调整自己的副业收入渠道呢？

当你发现自己的副业收入渠道超过五个，副业收入破五万的时候，就可以开始考虑做减法和聚焦了。

此时，你要重点分析自己的哪一个副业身份可以进行重复性的销售。

拿微商朋友为例，做微商时，如果你的关注焦点只是每一天卖出多少产品，说实在话，除非你的粉丝数量非常庞大，否则想要获得大销量还是比较难的。

但是，如果你有意识地发展你的合作伙伴，邀请他来跟你一起销售你的产品，那么这件事就会变成你来教别人如何进行销售，这样既能帮别人带来收入，还可以收到对方销售带来的收入。

拿知识付费产品来说，如果我们可以录制出一套质量非常高的知识付费产品，然后去找不同的平台进行合作，这个产品一定会是我们主要经营的副业项目。

也就是说，在需要做减法的情况下，大家要尽量舍弃那种一对一销售的副业，尽量选择可以带来大批量销售的副业。

总结一下，找出副业里的主要营收项目有以下三步：

第一步，先满足副业收入渠道超过五个、副业收入破 5 万元的前提条件，否则你还须要继续努力；

第二步，把所有的副业收入渠道罗列出来，算出每一份收入的日薪，比如做微商一个月的收入是 1 万元，付出的时间是 10 天，那日薪就是 1000 元；

第三步，按实际日薪排序，排名靠前的 1—3 个收入渠道，是你的主要营收项目。

希望大家在探索副业的过程中，一定要有意识地引导自己，不断地增加副业的收入渠道。只有收入渠道变多了，才有做减法的资格。

以上就是我们本节的主要内容。本节的要点是：

第一，如何从做公益开始，赚到第一笔副业收入；

第二，如何一步步增加副业收入渠道；

第三，找出副业里的主要营收项目。

最后，给大家布置一个思考和践行作业：

盘点一下自己手上已经在进行的副业项目，哪些目前还是公益的，尝试进行收费；哪些目前正在收费？怎样把它升级成一份产品多次销售的思维？

## 第 26 节
## 课程打造法：三个秘诀，打造属于自己的爆款课程

在知识付费这个领域，我成功地做过几个销量不错的课程和训练营，本节想跟大家分享我的一些心得体会和具体可落地的方法。

先看本节的第一个知识点：以内容质量为基础打造爆款课程。

如果课程的内容质量不好，在选择越来越多的情况下，我们的课程一定不会成为大家的第一选择。所以，如何才能打造出内容质量较好的爆款课程呢？

我从四个维度来给大家做分析。

第一个维度：内容的创新性。

常常有学员与我私聊，说不想参加我的时间管理课程，理由是他已经参加过很多时间管理的课程了，但是觉得收获不大，已经不再想要参加相同主题的课程了。

因为对自己的课程内容非常有信心，我坚持让这位学员来参加一次由我主讲的时间管理课程。这一类型的学员，因为在课程报名之前跟我有过交流，上课的时候会听得比较认真，上完课之后的收获也特别多。

与其他的时间管理课程不同，我的时间管理课程不会分享这些课程里提到的工具，而更多的是分享可落地的方法。

很多人把碎片化时间浪费了，但是我会为碎片化时间赋予一个概念，叫作“闭环”。当我们用碎片化时间看完一篇文章，不要着急去看下一篇，而是应该花一点时间对刚刚看完的文章做1—3点的小结，这样才会加深对刚刚看完的文章内容的理解。当我们养成这个习惯之后，就再也不会出现每一次看完文章或者看完书就完全忘记里面的内容的情况。如果学习的内容都记不住，要产生效果是很难的。

第二个维度：内容的可执行性。

方法可落地还不行，还需要简单可执行。我自己是宝妈，同时又是职场管理人员，还经营着多个副业，所以我非常需要一套简单、好用而且可执行的时间管理方法，让自己成为真正的高效能人士。

因此，我在时间管理课程里讲了很多方法的应用场景，便于大家听了之后直接按照应用场景去使用。比如坐公交车时，听课会比看书更方便，当你知道自己坐公交车的时间后，选择相应时间的课程来听，听完后还可以思考、总结，吸收的效果才会更好。

第三个维度：内容的知行合一。

很多人在这方面会犯的一个错误是：自己做不到，却把从别的地方听到的方法当成是自己的来进行分享。

如果我们想让自己的内容有说服力，并且有信心让大家学了就能用，最简单的一个方法，就是当我们知道了一个方法之后，自己要先用起来，用起来之后不要急着分享给别人，而是根据自己在使用过程中遇到的问题，对方法进行一些调整优化，当自己确定好用之后再分享出来，这个才叫作“知行合一”。

第四个维度：内容的迭代。

这个时代是一直在进步的，我们自己也在不断进步，同样我们分享的内容也要有进步。

我的一些训练营有很多学员会反复参加，其中的一个原因是，即使我的训练营每一期内容的框架不会做大的调整，但是案例跟方法的应用都会做更落地的讲解，应用的场景也会更加多样化，这些学员在参加后会觉得有不一样的收获。

所以，你的课程内容一定要及时迭代。

接下来，我们来看第二个知识点：课程自带宣传属性，才能成为爆款。

这一部分有三个维度需要大家注意：

第一个维度：课程文案的标题。

虽然我很讨厌“标题党”，但我个人认为一个吸引眼球的标题还是非常重要的，在“酒香还怕巷子深”这样竞争激烈的环境下，每个人都要有意识地宣传自己和自己的副业产品。

建议大家在取标题这件事情上，每一次都要为自己的课程宣传文案取至少10个以上的标题，再进行筛选。必要时找用户投票，选出最合适的一个。

第二个维度：课程文案的内容。

爆款课程的文案内容一定要有故事性，而且还要有各种能反映课程质量的数据，以及一些学员的好评，这样才会让大家对你产生信任，而信任是促成交易的一个非常重要的点。

第三个维度：课程文案的口碑。

金杯银杯不如学员的口碑，除了学员的好评外，大家可以在一些公共平台比如微博上设立一些讨论的话题，这些讨论的话题会让大家觉得，我们的课程口碑更具有真实性。

最后，我们来看第三个知识点：讲师讲课风格，助力爆款课程。

大家想象一个场景：一个课程的内容非常不错，宣传也做得很好，报名的人数也很多，但是讲这个课程的老师的声音很难听，讲的过程当中也没有什么活力，大家会觉得这是一个好的课程吗？

我相信每个人都喜欢美好的事物，这个“美好”包括好看、好听、好用、有能量等维度，因为我们的课程大部分是线上课，所以好听跟有能量会更加重要。

第一个维度：讲课的能量感。

我的很多学员会反复参加我的课程，一个非常重要的原因是，他们觉得光是听我讲课时富有激情的语调，就感觉课程充满了能量，就能打起精神来，好好地提升自己。

第二个维度：讲课的构成三要素——理论、故事、方法。

当然了，光有能量也是不够的，只有能量，那就是纯“鸡汤”，我希望我的内容是“带勺子的鸡汤”，大家可以舀起来喝下，然后消化吸收。

所以我的课程的构成是理论 + 故事 + 方法三个要素，我会讲一些很新颖的理论，再去用一些故事让大家加深理解，最后会总结出方法分享给大家，相信大家在读这本书的时候也会有这样的感觉。

**第三个维度：讲课过程收放自如**。

你有没有听过一些老师在讲的过程中，能量很足，内容也不错，结构也挺好，但就是缺一点收放自如呢？收放自如最能体现在问答环节，因为课程的内容是可以提前准备的，但问题却需要讲师真实有料才能回答得精彩。

有段时间，我每天都会根据自己的课程内容向自己提问，并真实回答这些问题，这个方法能够很好地锻炼大家回答学员提出的各种各样问题的能力。

以上就是我们本节的主要内容。本节的要点是：

第一，打造爆款课程，以内容质量为基础；

第二，课程自带宣传属性，才能成为爆款；

第三，讲师讲课风格，助力爆款课程。

最后，给大家布置一个思考和践行作业：

相信对本节内容感兴趣的同学，一定有打造自己课程的计划。请列一个清单，结合本节的内容，看看哪些点是你具备的，哪些点是你需要改进的，为你的课程做好充分的准备。

# 第 27 节
## 如何通过运营打造高价值付费社群，实现副业赚钱

本节的第一个知识点是：高价值付费社群的四种定位。

我们无论是参加别人的社群还是想要吸引别人来参加我们的社群，都需要对这个社群有一个定位。

一般情况下，高价值付费社群不建议仅仅只是一个听课的社群。如果想要这个社群具备持续运营下去的能力，我们需要对社群进行定位，并借由这个定位来展现我们社群的价值。

一般情况下，我认为社群可以有以下四种类型：

第一种是学习服务型社群。

现在市面上价格在 39 元到 199 元之间的课程有很多，这一类型的课程属于学习型课程，只要你认真学习过，效果都会很不错。但也存在一部分人，学习能力相对较差，这些人更适合有配套社群进行服务的学习方式。

学习服务型的社群价格一般在 299 元到 799 元之间，付费报

名入群之后，配合学习的内容，每天都会有对应的打卡活动。这类社群的目的很简单，让大家抱团成长，更好地吸收课程的知识。在这类社群中学习，你也需要做作业，在上课过程当中遇到一些难题可以在答疑环节及时和老师进行沟通。这种类型的社群通常是由课程加运营团队提供服务构成的。

第二种是没有课程，以连接为主的高端社群。

一般情况下，这样的社群需要进行报名筛选。进入这种高端社群的人，无论是自身的人脉还是自己所具备的资源都相对丰富，这样才能够在社群里面实现资源的对接和人脉的连接。

在这种类型的社群中，每个参与的人都有一定的能力，具备一定的人脉资源，所以每个人都是主角。大家互相连接之后，可以产生很多的交流和合作。

第三种是行为养成的服务型社群。

这种类型的社群主题会相对明确，比如说以写作为主题，每个入群的人只有一个目的，就是要提高自己的写作能力。整个社群会围绕着“提高写作能力”这个目的进行展开，同时有运营人员进行非常强的跟踪和推进。

这种类型的社群需要有庞大的运营团队来跟进，让参加社群的学员能更好地坚持并养成对应的习惯。

第四种是孵化类型的社群。

现在很多人都想把自己打造成有一定影响力的人，但是没有经验，也没有平台。这种类型的社群需要有非常强的导师，并且具备孵化人才的能力，以及有相对应的运营人员来进行跟踪。

这种类型的社群需要的是导师 + 运营团队。

以上四种类型的社群是比较常见的，当然社群之间没有明确的界限，也存在一些社群是以上四种类型里面任意两种甚至是四种的混合。

本小节的分享，是为了方便大家结合自己的情况去对号入座，看哪一种类型的社群更符合自己的定位。

接下来，我们来看本节的第二个知识点：高价值付费社群人员的构成。

高价值付费社群还有一个名称叫作“社交社群”，既然是社交社群，人的因素就会变得非常重要。

任何一个社群都可以缺少其他的维度，唯独人是不能缺少的。那么，在社交社群的构成要素里，哪四类人是必不可少的呢？

第一类人是社群的创办者。

在社群建立的初期，创办者可以是一个人，也可以是一个团队。

无论是一个人还是一个团队，都算是这个社群的创办人，或者叫作社群的联合创始人。

在社群宣传招生的环节，可以重点宣传其中一个人，也可以将整个团队都呈现出来。

社群的创办人，一定是和社群的定位相关的。举个例子，你的社群是以写作为主题的，那么这个创办人在写作上一定是有实战经验和知名度的。

第二类人是社群的灵魂人物。

在创办首期社群的时候，灵魂人物其实是没有的。你可以邀请一些和社群定位相关的影响力较强的人来背书。

在社群成立之后，要从付费的社群成员里面挖掘一些可以作为下一期宣传时进行背书的灵魂人物。大家常常参加各种各样的社群，会看到很多社群都是有灵魂人物背书的。

第三类人是社群的付费用户。

也就是我们的目标用户。你需要通过清晰的定位，让大家知道这个社群能够为哪一类型人提供价值，并且在文案宣传时，要让这一类型用户清晰地知道自己是符合这个社群定位的，并且可以从这个社群里面得到相应的甚至是超过他所支付的门票价格的价值。

第四类人是社群的运营人员。

社群的运营人员可以是创始人团队里面的一些人，也可以是为了这个社群而招的运营人员。我个人常常会从付费的用户里面去挑一些人来做社群运营的志愿者，值得注意的是，需要提供给这些运营人员相应的价值，让他们在付出劳动成本的同时也可以得到相应的能力提升。如果能从中挖掘出能力很不错的运营人员，可以及时纳入自己的运营团队里。

以上是运营一个社群必不可少的四类人。接下来，我们来看本节的最后一个知识点：高价值付费社群的常规运营套路。

我参加过非常多的社群，无论是我参加过的社群还是我自己建立的社群，都会存在一个问题，那就是，社群成立之后，不知道怎么样才能够更好地运营这个社群。

我有近三年的社群运营经验，给大家分享一些用起来一定不会出错的运营套路。

第一个套路，为你的社群定一个“能量基调”。

一个社群如果没有规则的话，可能出现的情况是，有些人在群里因为对某个观点的看法不一致而发生争执。我在社群开营的时候会强调清楚，整个社群的气氛必须是正能量的，是向上的，如果大家有一些不满或者是抱怨，可以同运营人员进行私聊来解决，不要在群里因为某件事情发生争执。

第二个套路，高端社群一般都会同步建立一个禁言群。

社群还有个问题是，每天的信息都会特别多，所以建议大家同步建立一个“禁言群”专门用来发布公告。

参与人员在没有时间的情况下，只要每天花几分钟去看禁言群的关键信息就行。禁言群既可以保证大家不会漏掉重要的信息，又不需要大家花太多的时间去参与整个社群。

第三个套路，以时间为维度，设置运营的玩法。

首先，关于每天应该做什么，可以发起一个主题讨论，我们把它叫作“每日一问”。讨论的内容可以是跟整个社群定位相关的话题，可以是时下的一些热点问题，也可以从参与的学员里收集一些问题，作为每日一问的素材。

其次，每周可以有一个对学员困惑的诊断。诊断的目的其实也很简单，每个加入社群的人都希望可以通过社群解决自己的一些困惑和难题。可以挑选一些普遍性的问题，在固定的时间里面做统一的交流和讨论。

同时，每周可以做一些分享，邀请学员们踊跃参加，任何分享都需要通过运营人员进行筛选。

最后，建议每月要有一个开营闭营的仪式，引导大家对自己整个月的学习情况进行复盘，并做好下个月的计划。

我自己创办的高端社群是以半年为一期的，以一个月为周期进行复盘和计划，这样才能让社群中的每个人了解自己的情况，并继续精进。

以上就是我们本节的主要内容，我相信有些同学听完后，会觉得自己目前的状况还无法践行所学的知识。如果你未来确实想通过运营社群赚取副业的收入，除了我分享的方法之外，一个非常重要的点是，你需要花大量时间去参与其他人的社群，并认真观察你所参与和喜欢的社群是如何运营的，为自己未来建立社群做好充分的准备。

本节的要点是：

第一，对号入座，高价值付费社群的四种定位；

第二，高价值付费社群人员的构成；

第三，高价值付费社群常规运营套路。

最后，给大家布置一个思考和践行作业：

开启副业的最大优点是，试错成本真的比较低，如果你读完本节内容有很大的收获，建议你参考我所分享的社群类型，建一个属于你自己的社群。

# 第28节 副业赚钱方式：找到最适合你的赚钱模式

大家有没有发现，打开微信刷朋友圈，10条更新里面有8条都是广告。

广告也是五花八门，有卖课程的，有做微商卖产品的，有社交电商卖货的。

大家看到这些广告的感觉是不一样的，有些人觉得很烦躁，干脆就屏蔽了这些人的朋友圈或者是直接删掉了对方。而有些广告的文案写得很用心，产品的图片海报也很好看，会让我们觉得这也是一种不错的副业赚钱模式。

我在本书中多次强调过，如果你试着努力了，找不到自己的优势、定位，甚至是找不到最适合自己开启的第一个副业，你要做的不是继续找到最完美的副业，而是挑一个相对适合自己的副业，先行动起来。

以我为例，最开始时我除了做咨询行家，同时也尝试做过育儿平台的专栏作家，后来发现自己没有办法继续写育儿文章之后，才转型做了关于个人成长的公众号。

那段育儿专栏作家之旅，让我积累了非常好的写作经验。也就是说，我们的第一份副业不一定能坚持做到底，但只要认真对待了，一定可以带来能力上的累积，为自己的副业打下坚实的基础。

我希望你不是那个一直处在观望状态的自己，正在读这本书的你，如果还没有开始任何的行动，说实在话，即使读完整本书，你也很难开启副业探索之旅。

哪一种赚钱模式是最适合自己的呢？在本节中，我将会分享五种常见的赚钱模式，期待你能从中找到相对适合自己的模式，开启你的副业之旅。

我们来看第一种类型的赚钱模式：低门槛型副业。

无论是我在网上的副业赚钱课，还是千聊平台上的其他课程，只要你听过后觉得不错的，可以点击右上方分销出去，只要有人购买就可以获得相应的收入。最近，千聊还推出了拉人返学费的赚钱方式，只要你成功拉到三个人，就可以免费学习一套课程。

大家在朋友圈看到的各种微商产品，如果有一些产品是你用过并觉得还不错的，可以顺带问问代理这个产品的门槛。如果门槛不高，比如说花几百元就可以成为代理人，建议你也可以试试。

有一些微商产品，除了让你交钱做代理之外，还会建立社群教你怎么样去销售自己的产品。如果有这种类型的社群，含金量会相对高一些。

再比如说像贝店、有赞商城等，其实都是可以点击分销链接销售平台上的产品的。

以上讲到的几种副业类型都是低门槛的，这个低门槛是指加入门槛很低，但是能不能销售出去对你的能力是有要求的。门槛低不代表好做，销量好不好就要看你推销这个产品时的文案以及你的微信好友人数是否足够了。

这也是为什么我一直不断地跟大家强调，要有意识地进行“涨粉”，让自己朋友圈的人数越来越多的原因。你的微信好友越多，对你未来的副业探索就越有利。

第二种类型的赚钱模式：服务型副业。

如果你具备一些技能，但是你不具备把这个技能设计成课程以及进行授课的能力，建议你可以从服务型副业做起。

举一个例子，你知道怎样把一个 PPT 做好，也可以帮助别人把他的 PPT 美化成非常时尚的版本，但是你不知道该怎样把这个技能教给别人，那么你可以将自己的重点定位在服务他人做好 PPT 上。

我身边有很多这种类型的副业变现者。

我自己也用过类似的服务。在最开始探索副业的时候，我被邀请去参加一个大型的活动，因为我自己做的 PPT 特别差，所以我花了几百元请了一个专业的人帮我做 PPT 美化。

另外，做任何类型的副业，都需要宣传的海报，但不是每个人都具备做海报的能力。于是就会有人花钱请具备这种能力的人来帮自己做海报。

这种类型的副业就叫作服务型的副业。

如果你是运营人员，你的朋友建立了一个社群，需要运营人员来协助运营这个社群，如果你具备这个能力，你就可以做服务型副业。

服务型副业的特点是需要一个人具备非常强的技能，比如制作 PPT 的能力、制作海报的能力、运营社群的能力等等。

第三种类型的赚钱模式：平台合作型副业。

我仔细做过调查，身边借助平台来开启副业的人特别多。这个副业销售的产品，同样是包含了实体的产品，或者是知识付费类的产品。

以实体产品为例。成为微商，去销售各种类型的面膜、口红等等，就是属于跟平台合作型的副业。现在有很多海淘平台，比如洋葱、蜜芽等，你交一笔费用之后就可以成为他们的店主，销售产品后赚取其中的差价。

知识付费产品的例子就更多了。

比如说，你的写作能力很强，但是你不具备运营一个公众号的能力，那么你可以成为这个公众号的写手，通过供稿来赚取副业的收入。

再比如说，你的写作能力很强，同时又具备演讲的能力，但是你没有粉丝。这个时候，你可以打磨好自己的课程，甚至录制好课程的试听版本，去找千聊这种类型的平台去进行合作。

跟平台合作，如果你做的是社交电商这一类型的产品，需要有一笔1000—1万元不等的启动资金，以及需要不断地、有意识地去积累微信好友，这样才能够让产品持续销售。

如果你跟平台合作开课，需要具备的是把自己懂得的知识梳理成体系，并把它传授给他人的能力。

值得注意的是，同平台合作之后也要有意识地去积累听过你的课程的用户，为未来开拓其他副业做好用户的积累工作。

第四种类型的赚钱模式：专家型副业。

如果你在职场工作已经超过五年，并且打算在一个行业或者是岗位上深耕下去，可以考虑做专家型副业。专家型副业最常见的是，做与你的能力相匹配的咨询师。

这一点，你可以学习“第一效应：数字化百倍放大你的影响力”这一节，成为有平台背书的咨询师。当然，如果你不符合平台入驻的资格，但确实又有专业能力，可以做一张海报，在自己的公众号或者是朋友圈里定期发布信息，推广自己，证明自己有这项服务。

第五种类型的赚钱模式：自运营型副业。

自运营型副业是难度最大的。

拿销售实体产品为例，这类产品不是微商的产品或海淘平台上的产品，而是需要你自己研发的一款产品。我的学员 A，很喜欢研究护肤品，自己研发出了非常环保的无公害洗脸皂，毕业后一直在业余时间推销这款产品，收入并不比主业低。

拿知识付费为例，我的课程打磨出来之后没有选择跟平台合作，而是通过自己的公众号进行销售，这就是属于自运营的副业类型了。

探索副业不难，但要做好真的不是大家想象的那么简单。只有持续的行动才能让副业之旅越来越好，光想不做是没有任何意义的。

最后，我总结出探索副业之旅上大家必须要具备的几种能力，如果你现在暂时找不到适合自己的副业，可以花时间在提升这几种能力上，它们分别是：写的能力、讲的能力、营销的能力和“涨粉”的能力。

以上就是我们本节的主要内容。本节的要点是：

第一种类型的赚钱模式：低门槛型副业；

第二种类型的赚钱模式：服务型副业；

第三种类型的赚钱模式：平台合作型副业；

第四种类型的赚钱模式：专家型副业；

第五种类型的赚钱模式：自运营型副业。

最后，给大家布置一个思考和践行作业：

选择最适合你的副业赚钱方式，并列下具体可执行的行动计划吧。

# 第 29 节
# 我的主副业如何才能实现完美平衡

我们来看第一个知识点：盘点主业，借助主业发展副业。

在探索副业之前我对自己的主业做过一次盘点，为什么要做盘点呢？如果说我们完全从零开始探索副业，并且把副业做好需要花费非常大的精力。所以这个盘点非常重要，接下来我将分享盘点的四个维度，供大家参考借鉴。

第一个维度：主业的专业技能。

我探索副业的第一个身份，是从我的主业——搜索引擎营销这个专业技能里面去展开的，在 Z 咨询平台申请成为搜索引擎的专家。

这会让我在探索副业的时候，不需要再额外去学习一些专业知识，这样整个展开过程就非常顺畅。

如果你不知道怎么盘点自己主业上的专业技能，有个很简单的方法，你不妨去看看这个岗位的职位要求是怎么写的，里面会提到要想应聘上这个岗位，你需要具备哪些能力。当然，有一种情况是，因为你的能力不足，你可能不具备该职位所需要的能力，但这也不是坏事，找到自己工作做得不够优秀的原因，你需要做的是，迅速提升你在这方面的能力。

第二个维度：主业上的时间优势。

很多人会在自己非常忙碌的情况下，还想要尝试去探索自己的副业，其实我是不太赞同的。如果你的主业非常忙碌，并且你有把握把它做成一项成功的事业，在这种情况下，我建议还是要把注意力放在自己的主业上。

我开始探索副业主要是因为对主业已经驾轻就熟了，在完成每一天的工作之后，我还有大量的空余时间，于是我选择把这些空余下来的时间用来探索自己的副业。如果你在主业还没理顺又特别忙碌的情况下去探索副业，整个人其实会很焦虑。

第三个维度：主业上管理能力的优势。

我在副业开始有收入时，就已经花钱请助理来帮忙了。这跟我在职场上带过团队有很大关系。

我身边有很多人在探索副业时喜欢单打独斗，其实，一个人的力量是有限的，一旦确定好副业并开始有收入时，就可以马上请助理，这样才是最合理的做法。

不过值得注意的是，找助理不是为了让自己完全空闲下来，而是可以用多出来的时间去做更重要的事情。

第四个维度：资源上的优势。

我的情况比较特殊，我的副业是完全没有借助自己的主业的，因为我的副业跟主业在产品上没有太大的关系，所以我选择了屏蔽主业的同事去开展自己的副业。相信有不少人和我的情况类似，因为主业的原因，不方便去探索副业甚至选择放弃探索副业。其实，完全不需要这样做，你可以另建一个微信号去开展副业，只要将微信头像和微信名换掉即可。

如果你确定自己想要发展的副业跟主业比较吻合，那你可以适当借助一些主业的资源。比如，你在主业上有一些人脉资源，在主副业同时开展时，确实不太方便去用，但当你辞掉主业后，这些资源是可以为你所用的。所以，你一定要有意识地经营好未来有用的高价值人脉。

如果你能按照以上四个维度做一次盘点，就能从中发现，副业的开启是可以从主业中做好借鉴和延伸的，你不必从零开始探索副业。

接下来，我们来看第二个知识点：如何利用上班时间锻炼主副业都可以用得上的通用能力？

工作后，每个人身上都具备了一些能力，这个能力不仅有主业上的专业能力，也包括你在很多地方都能发挥到的通用能力。以我自己为例，我的主副业同时都要用到的能力有营销、演讲和项目管理的能力。

这些能力并不会因为我辞掉正在从事的工作，换一个行业就没有用了，而是无论我们做什么样的工作都会用到。

我身边有一部分探索副业的人，在主业上的时间是相对自由的，但却不好意思利用上班的时间和平台的资源为自己的副业做一些准备。这个想法其实没有什么错误，但是，如果你想在主副业上快速提升自我，那么，你可以利用上班时间锻炼自己在主副业都可以用得上的通用能力。你可以列一份能力提升清单，然后充分利用上班的空余时间，去做相应能力的提升。

我的项目管理能力，就是利用职场上的空余时间学习到的。

那是我的第二份工作，在工作开展半年之后，我发现这份工作急需项目管理的能力。于是，我买了大量关于项目管理的书，一有时间，就拿出书并配合线上课进行学习。我把学习到的方法，也马上用在了主业上，效果特别好。我的老板得知我为了工作那么努力，还专门给我申请了上千元的学习经费。后来，我成功跳槽到某互联网公司当运营总监，也是因为具备了项目管理的能力。后来，我又把项目管理能力运用到了我的副业上。

副业其实是一种轻创业的模式，你就是这个副业的 CEO（首席执行官），你的眼光和格局一定要比你在职场上更高和更全面。所以，有机会的话，我们可以利用职务上的便利，去观察公司的老板，看他是怎样管理好整个公司的。

如果你觉得观察公司的老板对你来说有难度，那么，你可以观察一下你的直属上司，看看他是怎样去管理整个团队的。

我们常说，在所有类型的学习中，向人学习是最快速的。在职场上，你可以向比自己更厉害的人去学习带团队和做事情的经验。

我的职业生涯其实只有六年的时间，但是我一直都特别愿意去做不同类型的工作，目的也很简单，未来我想要自己创业，那么，成本最低的试错方式就是利用公司的平台和资源去锻炼一切可以锻炼到的能力。因为很多的能力，我已经在工作中得到了充分的锻炼，所以我的创业之路也一直都比较顺利。

针对上面的内容，我来做个小结，大家可以按照以下三个步骤去锻炼自己的通用能力。

第一步，找到自己主副业都能用得到的通用能力；

第二步，利用上班空余时间进行通用能力的锻炼；

第三步，向公司的上司和老板学习，让自己具备比自己的岗位所要求的更高的能力。

最后，我们来看第三个知识点：把主业和副业都当成人生必不可少的一个部分。

在时间上，如果你选择了主副业同时进行，会很难把个人生活与主副业区分开来。这时，你一定要调整好心态，把主副业都当成一件普通的事来做，这样就会大大降低焦虑感。

我自己的习惯是，如果有事情，我就会立即去处理；如果没事情或事情不多，我就会比较放松，去享受自己的生活。

其实，经营副业也就相当于创业，创业的人没有太明显的上下班时间，只要有事，就随时去处理。如果你不能接受这一点，就要考虑自己是否适合去经营副业了。

在探索副业的过程中，确实会比较痛苦，最开始时，我也是不能接受这种时时刻刻都要处理工作的状况，但后来调整好思路后，将处理工作看成一件很自然的事，就能更好地接受。

人的能力都是在践行的过程中提升的，在适应阶段是最痛苦的，但如果你能将它当作一件普通的事来做，能接受这份痛苦，那么，你就能处理好主副业之间的平衡。

以上就是我们本节的主要内容。本节的要点是：

第一，盘点主业，借助主业发展副业。

第二，如何利用上班时间锻炼主副业都可以用得上的通用能力？

第三，把主业和副业都当成是人生必不可少的一个部分。

最后，给大家布置一个思考和践行作业：

如果让你找出在你看来主副业都用得到的两个技能，你觉得会是什么技能？

## 第30节 变副业为主业的三个标准，你符合吗

向大家问一个问题：如果你要换工作，是选择继续做正在做的工作的同时去找新的工作机会，还是辞职之后全力以赴去找新的工作？

我个人的习惯是，如果要跳槽的话，我会待在原来的工作岗位，挤出时间去投简历以及去面试。这么做的好处是，我可以根据市场的真实情况来判断当下是不是一个最适合跳槽的时机。同时，因为我还在现在的公司工作着，跟新公司谈判的筹码也比较多。如果是辞了职再去找工作，心态不会太好，也会特别焦虑。

同样，如果我们在副业刚有一点点起色的时候，就完全辞掉自己的主业，并不是一个太理智的做法。那么，什么情况下，我们可以完全辞掉主业，把副业变成主业呢？分享我的三个标准，让大家在做选择的时候，内心更加有方向，也更加笃定。

接下来，我们来看变副业为主业的第一个标准：主业已无任何可取之处。

主业无任何可取之处的评判维度是什么呢？接下来我将给大家分享五个维度：

第一个维度：主业完全占据了所有的时间。

我们生而为人不是只有工作的，如果主业完完全全占据了自己的所有时间，甚至是连睡觉的时间都越来越少，说实在话，这样的工作即使再好，我都建议大家去跟公司谈一谈，看看有没有调整的空间，如果真的没法调整，建议辞职。但如果你发现自己每到一个公司都会出现类似的情况，极可能是你个人能力不足，那么重点要提高的是自己办事的效率，我们要学会诚实地面对自己真实的情况。

第二个维度：你真的特别厌倦自己的工作。

在进行副业的同时，一想到要上班，就觉得特别痛苦，并且每天上班都不想做跟工作相关的事情。说实在话，这种情况下继续做着主业，对你来说是一种巨大的消耗。即使主业能给自己带来比较稳定的收入，也不太建议继续做下去。

第三个维度：本来就已经有了跳槽的计划。

这种情况下，不建议你马上去找下一份工作，除非你能找到一份闲余时间比较充裕的工作。但是，换到一份新的工作，闲余时间不太可能很充裕。所以，如果你本身就有计划要跳槽的，建议你干脆给自己三个月到半年的时间，全力以赴地去做自己的副业。在这种情况下，如果副业没有很大的起色，你可以考虑重返职场，去找一份新的工作。

第四个维度：主业没有任何提升的空间。

职场上没有提升的空间，有两个关键的客观因素：一是公司不具备非常明晰的上升通道，二是你的直属上司是一个比较狭隘的人，处处压制下属，不给下属升职的机会。

第五个维度：你所在的公司知道你正在做副业这件事情，并且不同意。

建议在冲突还没有激化之前主动辞职，不要在职场上和老板发生争执。

接下来，我们来看变副业为主业的第二个标准：长期稳定的副业收入。

我有一个朋友，他在副业收入只有两个月超过自己的主业收入时，选择了辞职。辞职后的第二个月，他就发现自己的副业收入越来越少了，甚至某个月的副业收入只有几百元钱。

常常会听身边人说，当我们的副业收入超过主业的时候，就可以选择辞职了。在我看来，当你的副业收入有两三次超过主业收入时，不代表这会是一个稳定的状态。建议大家在考虑把副业变成主业的时候，一定要确认自己的副业收入的渠道是不是够多，并且，要为自己未来半年的副业发展计划做好准备。

2016 年 3 月，我的副业收入超过主业收入。那时，我没有选择辞职，因为我对未来的发展还没有头绪，我无法确认自己单一渠道的副业收入是否能够长期超过自己的主业收入，所以，在接下来的时间里，我不断地拓展自己的副业收入渠道，并渐渐把自己副业收入的一部分按月固定了下来。

总的来说，长期稳定的副业收入有以下两个维度需要确认：

第一个维度，确认至少要有两个以上的副业收入渠道，即使其中一个没有稳定的收入，还会有其他的收入渠道。

第二个维度，确认副业收入渠道里至少有一个是有固定收入的，比如每个月都会开训练营课程，会有相对应的收入。

最后，第三个标准：辞了主业后，副业收入会有明显的提升。

我身边也有很多朋友在副业稍微有点起色之后就考虑辞职，原因是，觉得兼顾主副业太辛苦了。我想跟大家分享的是，辛苦归辛苦，但能力一定是在环境中锻炼出来的。如果你想做成更多的事情，有一定压力的环境和一定强度的工作量能让一个人更快地成长。拿我来举例，在兼顾主业和副业的一年多时间里，我的能力得到了很大的锻炼和提高。

我辞职的一个非常重要的原因是，主业占据了我太多的时间，我因此拒绝了非常多的副业合作机会。后来我转念一想，或许辞掉主业之后，我就有充分的时间把原本拒绝掉的副业机会重新找回来。

经过这样的思考之后，我才决定辞职，而在那之前，我其实一直都在主业和副业之间徘徊不定。

我也经历过非常惨的情况，印象特别深刻，某天晚上 8 点，我需要进行副业的网上讲课，但是临时接到主业所在公司开会的通知。会议开到晚上 7 点 30 分时，我意识到没有办法赶回家准时开课了，于是，我快速做了一个决定，如果会议能在晚上 7 点 50 分之前结束，我可以在公司附近的咖啡馆讲课。最后的情况是，会议真的在晚上 7 点 50 分的时候结束了，我以家里有事为由快速冲出公司，来到附近的咖啡馆。庆幸的是，那一次我的课程进行得很顺利。

我不止一次遇到过这种需要临时处理的状况，而当这种状况出现次数多了，我发现自己处理事情的心态和反应能力都变得很强。

我的副业月收入第一次突破 100 万就是在辞掉主业的那个月，确定要辞掉主业后，我并没有给自己放松的时间，而是快速把之前推掉的合作机会全部提上了日程。

当你的副业变成主业之后，压力会大很多，所以在转变之前，你一定要做好充分的准备。我是为自己可能会遇到的状况做了比较充分的准备后，才做出选择的，所以我的主副业切换得非常顺利。现在，一切都在有条不紊地进行，即使遇到了难题，我也有足够的能力化解。

那么，如何判断副业会有明显的起色呢？有以下两个维度：

从能力的维度出发：在同时处理主副业的时间里，锻炼出了很好的兼顾多项任务的能力。

从未来合作项目的维度出发：至少有长达半年的合作项目，可以自己独立操作。

以上就是我们本节的主要内容。本节的要点是：

变副业为主业的三个标准：

第一个标准：主业已无任何可取之处；

第二个标准：长期稳定的副业收入；

第三个标准：辞了主业后，副业会有明显的提升。

最后，给大家布置一个思考和践行作业：

结合本节的第一个标准，确认自己的主业是否已经完全无可取之处。如果是，请有意识地减少花在主业上的时间，并且为自己的副业收入渠道的开拓制订详细的计划。

# 第 31 节
# 避开做副业遇到的“坑”，带你少走弯路

在这一节中，我将把我从事副业时如何“避坑”的经验详细分享给大家。虽然在副业这条路上我做得还不够好，经验也不是特别丰富，但是我希望把我遇到的一些问题和“避坑”经验以及身边做副业的人给我的一些启发和思考，分享给大家，帮助大家少走弯路。

第一个“坑”：不要惧怕试错，但要降低试错成本。

张爱玲说“出名要趁早”。在这两年多的时间里，我感悟更多的是，犯错也要趁早。

以我们有限的人生来说，当下就是我们最年轻的时候，大家都知道，越年轻，试错的成本越低。试错是一种行动，光想是解决不了任何问题的！

那如何做，才能够降低试错的成本呢？有一个概念叫作“最

小可行性产品”，还有一本书叫作《精益创业》，无论是“最小可行性产品”还是“精益创业”，这两个概念都告诉我们，在做副业的过程当中，无论是我们经营的产品还是推进的一个项目，都要在不断测试的过程中进行优化，而不是想着一次性做到完美。

比如说，我们设计了一套课程，不要等这个课程没有任何问题时才推向市场，而是当这个课程已经能够帮助别人解决某个问题时，就可以到市场上进行发布了。当然，如果你对自己的产品不够有信心，可以以最低的成本甚至是免费的价格去做测试，收到反馈之后，再快速去优化和调整。这样的试错成本，无论是时间还是金钱，都是最低的。

第二个“坑”：给自己的人生设限。

有时，当你看到别人做成了一件事，你不相信，或者，即使相信了，也觉得这么一件好事不可能发生在自己身上。

马云说：“相信就能够做得到。”我身边跟我一样发展得还不错的人，都相信自己的能力是无上限的。

“能力无上限”是指当我们遇到一个机会，甚至是看到别人做成一件事情的时候，我们不去质疑他，而是也有试一试的心态。在试一试的过程中，极有可能就把这样一件事情做好了。

下一次，当你的第一反应是否定自己、质疑他人时，不妨想一想，我该怎么做，才能也像他人一样呢？

第三个“坑”：做事业没有愿景，甚至把赚钱作为创办事业的唯一目标。

什么叫做事的愿景呢？通俗地说，就是你提供的产品或者服务能够切切实实给其他人带来价值，能够影响到其他人。

如果金钱是驱动我们向前的唯一动力，我们要做的任何事情都是极难成功的。我非常认可的一个观点是，把事情做好之后，钱自然而然就会到来了。

如果我们纯粹是为了赚钱而去探索副业或者去创业，很可能只能赚到一些小钱，而且会特别辛苦，因为你得不到别人因为你的产品和服务受益后发自内心的感激。

所以，我在做任何副业项目的时候都会问自己，到底是只为了赚钱，还是在为别人提供价值的同时赚到钱？

第四个“坑”：事业版图盲目扩大，能力跟不上野心。

路要一步一步走，饭也要一口一口吃。

在最近半年，我经常会看到朋友圈里有些朋友在发布自己的副业项目时，仅仅只是在“打鸡血”，没有任何实质性的产品或者服务。我也在咨询平台上收到过一些创业者的咨询，对我说内心非常焦虑，因为对外公开承诺的服务，最后无法按实际交付。

我也看到一些老师，他们的课程大纲、内容、PPT 等都是借助外部的内容团队制作的，只是用自己的影响力去做宣传和售卖，这是非常不负责任的一种做法。

当你发现自己在增加新项目时，每一步都走得非常困难，那就需要停下来思考，自己的做法是否正确以及怎么样才能够让自己的能力真正配得上自己的野心。

第五个“坑”：不懂放权，什么事情都亲力亲为。

前段时间，我花了很多钱去参加各种培训，在一节课上，听到了这么一个观点：如果你发现目前正在创业的项目，任何事情都需要亲力亲为，你不是在创业，你顶多是一个个体户。

每个创业者，尤其是带了团队的创业者，都要问自己，有没有战略布局和管理团队的能力。你的下属职权分明吗？有各自负责的项目吗？当他们在推进项目时，你在其中担当的角色是什么？是事事亲力亲为，还是懂得放权和赋能？

很多带团队的领导或者创业者，觉得只有自己是优秀的，只有自己才能够把事情做到 100 分，所以不愿意给自己的下属成长的空间。这样做的后果是，被琐事缠身的你没有时间去思考整个公司的方向和布局，导致整个创业项目的发展都进入了恶性循环，员工的流失率也非常高。

那么，怎么做才能够学会正确的放权？找一个安静的时间，把自己正在做的创业项目梳理一下，要么按项目去分配对应的负责人，要么按职责来找到有能力的员工进行跟进，并且区分好哪些事情是自己负责的，哪些事情只要负责跟进进度就好了，甚至是有些事情可以完全放手。每个团队领导者只有这样做，才能够让整个团队越来越成熟，让整个公司进入正向的发展。

第六个“坑”：单打独斗，缺乏合作精神。

在创业的过程中，尤其是作为一个初级创业者，是非常需要跟外部的平台以及其他创业者进行一些项目的合作的。

但是我们最容易陷入的一种情况是，自视甚高，觉得自己天下无敌，不把别人放在眼里。能够创办一个团队或者是一家公司的人，能力都不会太差。而这类人，也最容易对自己过分高估和盲目自信。

2019 年，我对自己的要求是：走出去。我要走出去大量学习，我要走出去跟其他的人合作。在开展副业或创业的过程中，如果有比我们起步晚一点的后辈需要我们提供一些支持或者帮助，在能力所及的情况下，我们要尽量去帮助对方。这也是我为什么会创办各种孵化平台以及创业平台的原因。

我在生完小孩的第三个月，就开始跟我的两个朋友薇安和阿佳一起创办了一家女性智慧商学院。很多人会问，你刚生完小孩就那么拼，有必要吗？真的有必要，因为我希望自己是那个不断进步、不会被时代抛弃的人。

第七个“坑”：停止学习，止步不前。

前些日子，我参加了一个饭局。饭局结束之后，我跟其中一个创业者一起回家，在回家路上，我聊到了最近在看的书，想和对方交流一下。等我侃侃而谈说完自己的读后感时，他叹了一口气跟我说，因为最近太忙了，他已经有很长一段时间没有看书和学习了。

我非常惊讶，他跟我一样是做教育的，如果不去学习提升和自我迭代，哪有最好的状态去呈现给跟他一起学习进步的同学们呢？

越学习才会越谦卑，只有在不断学习的过程中才能发现自己身上的不足，进而去补齐自己的不足。所以，每一个创业者，都应该保持学习的节奏。

我个人的学习计划是这样的：

第一，每个季度一定要外出学习一次，这样既能更新自己的认知，又可以通过线下学习去连接不同的人脉。

第二，每天至少要花两个小时的时间去看书、听课和梳理自己的知识框架。

第三，与人交流，这个人可能是我的学员，可能是我的合作伙伴，也可能是其他领域里的专家。一定要保持跟人多交流的习惯，因为，在跟别人交谈的过程中，可以得到很多很重要的信息。

以上就是我们本节的主要内容，本节的要点是把我做副业过程中遇到的 7 个“坑”分享给大家，希望对大家有启发。

最后，给大家布置一个思考和践行作业：

本节分享的 7 个“坑”，请一一对号入座，分析自己是否存在相应的问题。如果存在，你的思考是什么？你的计划会怎样调整？

# 第32节
# 答疑环节

最近收到很多用户的问题，我挑选了8个具有代表性的问题来回答，希望能给你带来启发。

1.我在读这本书的时候很有感觉，但是自己执行力差，又排除不了外界的干扰，该怎么办呢？

谢谢你的提问，这个问题里面其实包含了两层意思：

第一层：读的时候很有感觉，你所谓的感觉具体是指什么呢？请把你觉得好的地方详细地写下来，写下来之后加上自己的思考，这样执行起来会容易很多。

把你认为有感觉的部分罗列成真实的、具体可以执行的清单。

第二层：你提到排除不了外界的干扰，请列出外界对你的干扰具体是指什么？

有可能周边的人对你根本就不在意，但是你通过想象徒增了很多并不存在的烦恼。当你列出来的时候，你会发现，好像周围的人并没有自己想象中的那么关注自己。

只有你把真实情况写下来之后，才能排除掉这些干扰。

如果你很介意身边的人对你的看法，那就在微信上宣传时，屏蔽这些人，利用互联网上新认识的人去开展自己的副业。

2. 如果副业有多渠道的收入，可以同时在朋友圈进行发布吗？这样会不会影响朋友圈的定位？

谢谢你的提问。我个人不建议多渠道的副业同时在朋友圈发布。

有以下三点供你参考：

第一，把所有副业渠道罗列下来，找出多渠道收入之间的共同点。如果是有共同点的，可以在朋友圈同时发布。

第二，并不是所有的副业都依托朋友圈，你可以借助社群或者是朋友圈分组的形式来宣传一些并没有那么重要的副业，也就是先做一些测试。如果大家的接受度还可以，并且宣传的转化率也不错，就可以纳入朋友圈的正常宣传轨道上来。

第三，如果你做的副业类型很多，而且跨度特别大，肯定会影响你在朋友圈的定位。我在前文也提到过，在最开始的时候我们要做加法，但等到你的副业收入渠道比较多时，你可能需要结合自己的时间和精力以及副业的价值去做取舍了。

3. 我在美国有一些不错的教育资源和人脉，但是苦于人不在国内，推广起来感觉隔靴搔痒。与国内的合作者进行合作时，我们的利润常被压得比较低，或者无法将品牌彰显出来。想请教老师，在什么样的平台推广可以迅速建立品牌？如何解决这样的合作问题？

谢谢你的提问。

第一点，人不在国内，推广起来感觉隔靴搔痒，这是你的错觉。

我在怀孕和生完小孩之后，甚至是以前还在兼顾主副业时，基本上所有的工作都是在互联网上进行推广的，所以不要以“人在国外”作为推广效果差的原因，而是应该去看怎么样能够克服这样的阻碍，比如请一个国内的助理来帮你打理。

第二点，你说，合作的时候利润被压得很低，品牌无法彰显。利润低和品牌无法彰显，是两码事，你要想明白现阶段是要利润还是要品牌。如果要利润，那你要自建平台，做自运营，利润率会很高；如果你要品牌，利润率低，平台才会更愿意帮你宣传，曝光率也就更高了。但这一切都有前提，那就是你的产品要足够好！

第三点，什么样的平台可以快速建立自己的品牌？我在“第一效应：数字化百倍放大你的影响力”里面提到过，你可以重读这部分的内容。

在品牌彰显这件事情上，平台对所有的讲师都是一视同仁的，如果你的课程内容足够好，学员听完你的课程之后，一定会想办法来找你。

所以你需要做的是，在互联网上留下你的痕迹，让大家可以找到你，比如说你可以建立自己的公众号，或者写出爆款文章被各大平台转载，甚至是创建自己名字的百度词条。

最后，关于利润这件事，我个人认为，在最开始打造自己个人品牌的时候不要太在意这一点。当你有了一定的知名度后，赚钱只是随之而来的事情。

4. 老师好，想请教一下您：一天的专注学习时间是不是不宜过长呢？我感觉时间一长效率似乎就不怎么高了，很好奇您是怎么兼顾到同时做好那么多事情的。

谢谢你的提问。专注时间的长短要看每个人的状态以及每个人在一天中的哪个时间段适合长时间专注。

我自己在白天的状态是特别好的，专注时间可以很长，但是晚上就无法做到长时间的专注，所以晚上大多用来陪伴家人。我身边也有一些人在晚上的专注状态特别好，在白天就比较差。所以，我们要根据自身情况，找到自己状态最好的时段。

至于你提到的专注时长是不是越长越不好，我个人并不这么认为。如果你在专注的状态下能够完成很多事情，个人又不觉得疲惫，那你就不需要停下来。但是，如果你长期专注会觉得特别累，那你可以按照25分钟专注+5分钟休息的方式做一件事，让自己的精力在专注后很快得到恢复。

5.老师您好，我是一位小学老师，平时工作很忙，我的孩子上小学二年级，报了5个兴趣班，我经常感觉自己的时间不够用，但是一天下来，似乎也没有什么提升。想问下您，您是怎么合理安排时间的？如何才能既兼顾主副业，又能照顾到孩子和家庭？

谢谢你的提问。

结合你的情况，我这里简单地说一些方法吧。

第一点，在工作上竭力提升自己的效率。如果你能在工作中挤出时间，就把这些时间全部用在自我提升上。另外，上下班路上的时间也可以用来提升自我。

第二点，陪小孩上兴趣班时，可以利用在外面等待的时间进行学习，而不是刷手机。

第三点，专注陪伴小孩的时候，不要有其他任何的杂念，全身心去陪伴对方，并且有意识地培养小孩养成良好的习惯。比如我儿子每天晚上到了9点就会去睡觉，在他睡觉之后，我还有一定的学习时间。

你可以先按照以上的建议去试一试，期待你的时间管理能力越来越强，也期待你有时间去上我的时间管理课。

6. 老师之前讲到，参加线下活动，去认识更多优秀的人，向他们学习。我想问下，有哪些途径可以找到更多适合自己的线下活动（包括免费的和付费的）？线下活动的时间通常都比较短，那么，如何在这么短的时间内发现那些优秀的人，并且更好地和他们建立联系呢？

谢谢你的提问。

我不知道你在哪个城市，所以我只能给你一些如何去找线下活动的通用方法。

第一种方式：比如我自己常常会办一些线下活动，你可以留意我的朋友圈或者公众号。同样的道理，你喜欢的其他老师也会举办一些相类似的线下活动，如果有的话可以报名去参加。

第二种方式：在微信上查一下有没有一些读书会组织的活动，比如深圳读书会，他们常常会举办一些线下活动。

第三种方式：留意你所参加课程的社群里面，有没有其他同学举办线下活动或者参加过线下活动，和他们熟悉后，你可以跟着一起去参加活动。

关于“如何在线下活动发现那些优秀的人”这个问题，我自己通常的做法是，去留意以下三种类型的人：在线下做分享的人、组织线下活动的人和在线下活动中比较活跃的人。

每一场线下活动，我只会要求自己最多认识三个人，因为多了的话就没办法进行深度交流。在最开始参加线下活动的时候，可以要求自己每次只认识一个人就好了。当然，人跟人之间的连接是建立在价值交换基础之上的，所以，你在参加线下活动之前也要不断提升自己的能力。如果能够在线下活动中通过自己能力的展现去吸引到其他人，那么，连接一个人也会变得很简单。

7. 我想向老师咨询一下，如何才能够让别人付费或者打赏？因为微信里经常有人向我咨询问题，不回答，感觉不太好；回答，又真的挺费时间。

谢谢你的提问。

如果微信里经常有人向你咨询问题，你可以做一个上面附带收款二维码的海报，海报上也要写得非常清楚，你能够帮对方解决什么类型的问题。

当下一次他们问你的问题是你能解决的，你可以把海报发给对方，告诉对方，因为问题太过复杂了，你需要通过交流才能够给出很好的建议。

我自己常用这种方法，当然，不可能每一个人都会为你付费，但是真想从你身上学到知识的人，他一定是肯为你付费的。

但是，你自己也要有足够的能力，当你收了别人的钱后，要能够为他人提供优质的服务。

8. 老师在课程里讲到，可以和自己朋友圈人数接近的朋友互推，那么，怎样才能知道自己和别人朋友圈的人数接近呢？还是说，这个方法只适用于身边熟悉的人？

谢谢你的提问。

关于“如何才能知道自己的朋友圈人数和其他人接近”这个问题，你可以直接在朋友圈发布一条信息，告诉大家你的朋友圈人数是多少，问有没有人有兴趣跟你进行互推“涨粉”。这个方法非常简单，也很干脆，看得明白的人自然会找你的。

# 附　录

## 精力管理篇

### 第一篇　三种专注力场景模式解析，为你的专注力保驾护航

互联网有一个非常流行的公式——专注力 > 时间 > 金钱，这个公式表明专注力是一种非常重要的能力。我们只有保持高度的专注力，才能让自己的人生更加高效。

在本节中，我将会从三种场景出发，来分享如何为我们的专注力保驾护航。

第一种：每个人每一天都要为自己至少找到一段 30 分钟的专注时间。

我之所以在开头来讲这一点，目的非常简单。因为太多人不重视自己的专注力资源，即使他们拥有大量的时间，也会被人为地切割、碎片化并浪费掉。

我相信还有一些人是确实找不到自己的专注力时间。

比如，你的老板跟你说，希望你在未来30天的时间里，每天能留出30分钟的时间来跟他交流，称这样对你未来的升职和加薪会有帮助。又比如，你的客户对你说，希望你在未来30天的时间里，每天能留30分钟的时间来跟他进行合作方面的交流，他才会在你身上追加合作的金额。

在这种情况下，你的老板和你的客户都提出了这个30分钟的要求，你会拒绝吗？

我相信你一定不会。但我想要强调的是，你的人生当中，最重要的客户和老板其实是你自己。请你一定要每天给自己留至少一段30分钟的时间。

如果按照30分钟来算，我每天至少会有四段专注的时间，这也是为什么我的效率可以那么高的重要因素之一。

这段30分钟的专注时间，可以是早起后的时间、上下班通勤路上的时间、提前到达公司后思考的时间或下班后在家里的时间，如果你和我一样是宝妈，从照顾宝宝睡觉之后到自己睡觉之前的这段时间，也能挤出一段30分钟的专注时间。

试着记录自己一整天使用时间的情况，可以更加容易找到你的专注时间。

第二种：无人打扰的情况下，如何保持专注力？

有时，在没有任何人打扰的情况下，你看起来是在很专注地阅读一本书，但是30分钟后，发现那本书讲的什么内容，已经完全忘记了。

这是因为，在阅读的过程中，你的头脑出现了各种各样的想法，根本没有静下心来去读书中的内容。

请大家想象一个场景：

假设今天是“双十一”，你给自己安排了30分钟的阅读时间。当你读到第5分钟的时候，你的头脑中出现了一个念头：我前两天添加在淘宝购物车里的那些物品好像还没有付款，我现在要马上支付。

你是不是会放下自己正在阅读的书，选择去给淘宝购物车里的用品付款？而且付完款之后，你还会抑制不住地继续浏览淘宝店铺，这样不知不觉两个小时就过去了。

看到这里，是不是感觉这描述的简直就是你自己呢？

遇到这种情况你该怎么办呢？我给大家分享一个特别简单的方法，这个方法需要你准备一个笔记本以及一支笔。

当你正在读书的时候，头脑中出现的任何一个想法不要着急去执行，而是把头脑当中的想法都记录在本子上，比如说阅读到第5分钟，想到淘宝购物车里面还有没付款的物品，那就写到本子上去。阅读到第10分钟的时候，想到晚一点要给家人打个电话聊一件事情，也不要马上打，而是同样记录在本子上。

也就是说，在你专心阅读的这30分钟里，应将头脑中出现的任何想法全部转移到笔记本上。我为这个行为取了个名字叫“转移大脑法”。

我把这个方法分享给很多人用过，他们都说把自己大脑里的想法通过写的方式转移之后，自己的专注力确实得到了提升。

值得注意的是，有些人可能在第一次尝试时就能达到专注的状态，也有一些人，需要不断地去转移大脑里的想法，可能至少要用10次这样的方法，才能够做到专注。

虽然每个人的情况不一样，但都可以使用这个方法。当我们发现自己在用了两次之后没有作用，也不要气馁，继续用下去，会越来越好。

简单来说，遇到无人打扰时仍无法保持专注的情况，可以按照以下三步来执行：

第一步，把头脑当中杂乱无章的想法，转移到本子上；

第二步，引导自己继续专注手头上的事；

第三步，手头上的事情做完后，一条条处理本子上记录下来的事情并打钩。

第三种：被别人打扰的情况下，如何保持专注力？

第一种情况，打扰你的人特别着急，需要你马上帮他处理事情。

应对方法是，快速把自己手头上正在做的事情写到旁边的本子上，然后去帮助对方。

被别人打扰是我们无法掌控的事，很多人在被别人打扰之后，回到自己的座位上，已经忘记自己刚刚在做的事情进行到哪一步了，而做记录这个小小的举动可以让你在处理完其他人的事情之后，快速回到自己的工作轨道上来。

第二种情况，打扰你的人的事情没那么着急。

你可以反问他，能不能让他等你把手头上的事情处理完后再帮他处理他的事情。

如果对方的答案是可以，那你就先把自己手头上的事情处理到一定阶段，再去找你的同事，并且帮他把事情处理好。

需要注意的是，你要做一个信守承诺的人，而不是把同事打发走后，就再也不主动去找他了。如果是这样的话，下一次他找你做事情都会特别着急。

第三种情况，对方找你的事情不需要你今天完成，过两天完成也是可以的。

这种情况下，你可以请对方给你发一封邮件或短消息，并且写清楚需要你完成的事情的截止时间，你把自己手头上的事情处理好之后再去看邮件或短消息处理就好。

以上三种情况，更多会出现在职场上。当然，在生活中，也会频繁出现被别人打扰的情况，尤其是在家里做一些事情的时候，会被家人打扰。如果是在家里做事，你可能需要提前跟家人沟通好，告诉他们接下来的三个小时内，你需要专注地做一件事情，如果有什么不太重要的事情，可以等你出来再处理；如果事情比较着急的话，就随时随地都可以打扰你。

另外，我自己常常会在有事情忙的情况下，选择一个安静的地方做完它，比如我会选择去家附近的咖啡馆，专注地把手上的事情做完。

最后，再强调一点，要养成不定期关闭手机的习惯，因为现在很多人都会花很多时间在手机上。我自己的习惯是，如果有特别重要的事情需要全力以赴，就将手机关掉，来专门处理这件事。我相信，现在大部分人的专注力都是被手机分散掉的，如果能养成不定期关闭手机的习惯，也是保持专注力非常重要的一个方法。

以上就是我们本节的主要内容。本节的要点是：

第一，每个人每一天都要为自己找到至少一段 30 分钟的专注时间。

第二，无人打扰的情况下，如何保持专注力？

第三，被别人打扰的情况下，如何保持专注力？

最后，给大家布置一个思考和践行作业：

你觉得自己的专注力强吗？如果不强，结合本节内容，看看有什么可以提升的方法，记得用起来！

## 第二篇　精力旺盛人士如何分配休息时间

就像手机没电的时候需要充电一样，我们也需要通过休息来恢复体力。

第一种休息方式叫作“被动休息”。

我的学员A学了我的时间管理课程中的“如何高效利用各种分类时间的方法”之后，觉得特别有效果，但是也觉得特别累。

一开始我还以为是因为我的方法不够好，所以他用了之后会特别累。在了解了他的情况之后，我发现问题出现在他身上。因为他太想要管理好自己的时间了，所以听完课之后把每一分每一秒都利用了起来，一点都不肯浪费，最后导致他的休息时间被挤压到所剩无几。

我想问大家，你是口渴了才喝水，饿了才吃饭，困了才想睡觉这一类型的人吗?

如果你的答案是Yes，你就和A一样是一个被动休息类型的人。

很多人认为自己不是，但经过仔细观察，会发现自己确实是这一类型的人。

再给大家举个例子，比如周四11:00的时候，你正在和同事开会，开完会之后发现已经11:45了，这个时候，你会选择先去吃午饭，还是选择把手头上还需要一个小时才能做完的工作做完后再去吃午饭?

如果你的答案是，先把一个小时的工作做完再去吃饭，那你就是一个被动休息的人。

以下描述的四种现象，如果常出现在你身上，就证明你是一个被动休息类型的人。

第一种现象：吃饭睡觉毫无规律，饿了才吃、困了才睡。

第二种现象：有时候饿过头了，干脆就不吃了。

第三种现象：很困想睡觉，却发现自己事情很多，带着心事睡不着。

第四种现象：晚上失眠，早上起不来。

我对学员做过一次调查，有超过60%的人属于这一类型。属于这一类型的人需要注意的是，你现在的饮食和作息时间都是不够健康的。在确认了自己的类型之后，要改变起来就没有那么难了。

接下来，我们来看第二种休息模式，叫作“主动休息”。

我们还拿“开会后选择去吃饭还是选择继续工作”来举例，如果你发现该吃饭了，你会选择先去吃饭再考虑怎么样把工作完成，那你就是属于主动休息这一类型的人。

我就属于这种类型。在我的人生信条里，吃饭和睡觉是比天还要大的两件事情。所以跟我比较熟的人，他们常常调侃我心态很年轻，但是生活作息却像老年人一样，早睡早起、定点吃饭，每天还随身携带保温壶。

主动休息类型的人在学员中的占比大概是 30%。

也有一种情况是，你有主动休息的意识，但往往做不到，那你需要做的就是，把这种意识落实到行动上来。

我从喝水、吃饭、睡觉三个维度来讲，怎样把自我意识变成真实的行为。

我身边有很多人，尤其是一些男士，嘴唇看起来特别干，这和很少喝水有非常大的关系。

我以前也没有养成喝水的习惯，但是现在这个习惯已经养成了，我只用了以下几个非常简单的方法：

一、在办公室，我会准备一个特别大的水杯，一旦渴了，马上就能喝到水。

二、在外出的时候，我会准备一个保温壶，随时补充水分。

三、在最开始培养自己的喝水习惯时，我会设置闹钟，每隔 45 分钟让闹钟提醒我喝水。

因为水杯和保温壶都有水，而且就在手边，闹钟响起来之后就很自然会喝水。

针对吃饭问题，也可以使用几个非常简单的方法。

一、每日三餐都设闹钟提醒。

二、如果需要点外卖，就设置一个点外卖的闹钟，听到闹钟响，就放下手上正在做的事情，先把外卖点好。外卖一到，就马上能吃饭了。

三、如果是带饭，就设置一个热饭的闹钟。

关于睡觉问题，我身边很多人跟我讲，他也知道早睡早起很好，也想要早睡早起，但就是做不到。

关于早睡和早起，一个很简单的方法是，设定好早起的时间，只要闹钟响了就意志坚定地早起，晚上到了时间就会早睡。坚持几天之后，早睡早起的习惯就会慢慢建立起来。

主动休息的好处特别多。拿喝水为例，人只有在水分充足的情况下才能保持良好的精神状态。拿吃饭为例，如果不能保持定时吃饭的好习惯，人的身体就会出现各种问题。当我们保持了定时吃饭的习惯后，吃的分量也比较合理，这样就不容易生病。同样，如果保持了早睡早起的好习惯，人的精神状态会非常好。

如果你能够做到主动休息，你的精神状态和精力都不会差，那么，你才能成为一名高效能人士。

如果你想让自己的状态更好，想让自己每天都能保持饱满的精神状态，那么，你就要采用第三种休息方式——“仪式感休息”，这种类型的人在学员中占比约为10%。

仪式感休息是指我们除了要按时吃饭、睡觉、喝水外，还要有更高级的休息方式，比如养成保持运动的习惯、定期旅游放松身心等。其他的还有养成喝下午茶的习惯、保持每日冥想等，这些都属于仪式感休息范畴。

我个人最看重的仪式感休息是保持运动的习惯。很多人会说：我也想锻炼身体，但是没有时间。在我看来，如果你每天都特别忙碌，那么，你更加需要抽出时间来锻炼身体，这样才能让自己有足够的体能去应付忙碌的工作状态。

永远不要忘记一点，我们之所以这么努力，就是为了能够拥有更自由的状态去享受人生。所以在我看来，仪式感休息是需要贯穿在日常生活当中的。

每个人都喜欢新鲜感，如果你的仪式感休息里面已经包含了每天要喝下午茶、每天要跑步等休息方式，那就需要你去多开发一些新的仪式感休息的方式。

最后，我再分享一下我常用的恢复精力的一些方法，比如我会在小长假时完全放开工作去看我特别喜欢的东野圭吾的小说。东野圭吾是一个写推理小说的作家，他写的小说情节特别紧凑，常常是看完之后，整个人会特别放松，很多烦恼事都忘记了。当然，你也可以为自己建立一份仪式感休息的清单，累的时候拿出来，挑一条用起来。

以上就是我们本节的主要内容。本节的要点是：

第一，被动休息，听从自己的身体反应去休息；

第二，主动休息，主动安排自己的休息节奏；

第三，仪式感休息，设置有别于日常的休息方式。

最后，给大家布置一个思考和践行作业：

请问大家属于哪一种类型的休息方式？如果你想让自己的精力更充沛，下一步你会增加哪一种类型的休息方式呢？期待每个人都能成为高效能人士。

## 第三篇　了解情绪和内耗，保留你的精力

我们先看本节的第一个知识点：什么是情绪？什么是内耗？

前些日子，我的孵化平台的一位课程导师，莫名被人投诉称我们的课程涉嫌抄袭，并要求我们删文案、下架课程。

我的第一反应是，这不可能。于是，我快速联系投诉者，想问清楚是什么情况。

从时间的逻辑上看，这件事完全不成立，投诉者的课是2017年12月底才上线的，而我们的课，早在2017年6月就已经开始，现在已经做到了第6期。后来，对方又说我们的大纲虽然不一样，但是内容抄袭了她的课程。这就更不可能了，因为第6期课还没开始。

也就是说，对方还没有听过内容，就判断我们的导师抄袭了。

这件事一开始并未大范围传播开，但因为互联网的影响力，还是有熟人知道了情况，并打来电话安慰我，担心我的心情受到影响。

说实话，遇上这样的事情，不论是谁，心情肯定会受到影响，但奇怪的是，这件事几乎没有对我造成影响，很快我就把这件事情抛诸脑后了。

好朋友和我说，如果这件事发生在她身上，那几天她的心情肯定会特别糟糕。

简单来说，情绪就是当一件事情发生时，你的心情被这件事情影响的程度。而内耗就是当事情过去后，你会不会一直惦记着它，会不会因这件事而耗费更多的情绪。

也就是说，当事情发生时，有情绪是正常的，但是不要升级成内耗。

接下来，我们来看第二个知识点：察觉你的情绪，避免升级成为内耗。

相信很多人都有过被情绪支配的经历，并且深受其害、无法自拔。每个人都必须具备察觉自己情绪的能力，并避免它升级成为内耗。

20世纪90年代，一位心理学家提出了“情绪粒度”这个概念。它指的是一个人区分并识别自己具体感受的能力。情绪粒度的高低，直接影响着我们管理和应对情绪的能力。情绪粒度高的人，能够分辨并表达自己的情绪，也能更好地掌控和管理自己的情绪，和情绪做朋友。情绪粒度高的人不容易被情绪控制。而提高情绪粒度，就能直接提高人们处理负面情绪的能力。

是不是很想知道自己的情绪粒度怎么样？这里一共有14道题，用来测试一个人的情绪广度与对情绪的区分度。大家可以根据下面的题算一下自己的分数：

计分方法：

1—9为正向计分题

5 分表示“这是对我的精确描述”，1 分代表“这完全不是对我的描述”。

10—14 为反向计分题

1 分表示“这是对我的精确描述”，5 分代表“这完全不是对我的描述”。

测试题：

正向计分题：

1. 在我所拥有的感觉中，我能够意识到它们之间的细微差异。

2. 我想要去经历广泛的、不同的感觉。

3. 对于那些密切相关的情绪词语之间的细微差别，我非常善于分辨。

4. 我能够意识到某一种既定情感中细致的差别或者微妙的不同。

5. 在我的一生中，我能够体会到广泛的、许许多多不同的感觉。

6. 每一种情感对我来说都有着清楚而独特的意义。

7. 我倾向于在相似的感觉之间做出清楚的区分（比如：抑郁和忧伤，生气和恼火）。

8. 我经历着丰富多样的情感。

9. 我意识到每一种情绪都有着完全不同的含义。

反向计分题：

10. 我经常体会到的情绪都很有限。

11. 在日常生活中，我体会不到很多种不同的感觉。

12. 在日常生活中，我不会体验到很多种类的感觉。

13. 如果用颜色来形容不同的情绪，我可以注意到每一种颜色（情绪）内部的细微变异。

14. “感觉很好”或是“感觉很糟糕”——这样的表达足以描述我日常生活中的大多数感觉。

量表解释：

将所有题目的得分加在一起，然后除以 14，就是你的量表分数。

研究显示，量表的总体平均分是 3.72 分（男性的平均分是 3.61 分，女性的平均分是 3.75 分）。高于平均分，说明在总体人群中情绪粒度较高；低于平均分，说明在总体人群中情绪粒度较低。

研究者认为，量表得分越高的人，情绪粒度越高，有更多的情绪管理策略；自我意识越高，对情绪经验更加开放、共情力更高，自我感受到的人际关系质量越高。

如果你是高情绪粒度，你对自己情绪的变化会非常敏感。

如果你是低情绪粒度，还有以下两种方法，协助你察觉自己的情绪状态。

第一种：回忆法，回忆过往最让你生气的人和事物是什么，并写下来。

第二种：评价法，邀请身边的朋友，描述使自己容易情绪波动的场景。

最后，我们来看本节的第三个知识点：三种情绪场合，带你避免情绪和内耗，成为精力旺盛人士。

你可能是第一种情况：

一觉起来神清气爽，为今天安排了满满一天的行程，却在早晨开例会时，被上司点名批评上周的一个小小的工作失误。这个失误原本无伤大雅，但点名批评这个行为让你感觉颜面尽失。一整天，你都陷入情绪低谷中。到了晚上，你翻开行程表，发现没有一件事按部就班完成，心情更差了。

太过在意他人的看法，属于坏情绪的第一大杀手。替代法是面对这种情况时的最佳解决方法。你可以通过做事，去替代这种受伤的情绪状态。当然，你不一定还要按照自己早晨列下的行程去做，你可以重新列一些轻松一点的事情。先让自己在做事情的过程中忘掉坏情绪，再决定要不要重新按照最初的行程进行。

你也可能是第二种情况：

周末的早晨醒来，睡得还算不错，冬天的被窝实在是太暖和了。于是你决定，先躺在被窝里玩会儿手机。一开始，你兴致勃勃，很快将微博、朋友圈刷完了，微信留言也全部看完并回复完毕。你开始为了玩手机而玩手机，这种无所事事的状态一直持续到 11 点。这时，虽然没有发生什么具体而真实的让你感到不愉快的事，也说不上哪里不爽快，但就是觉得不开心。

无所事事表面上看起来幸福得不得了，但却是情绪的慢性杀手。而且在当下你还感受不到，就是觉得乏力、对一切都提不起兴趣。

比起一时较大的情绪爆发，有时候我更害怕这种慢性情绪。它会让你很长一段时间萎靡不振，找不到最好的解药。

此时，你需要离开你身处的场域，或者去吃个美味可口的早餐，或者去看场评价不错的电影，或者约个闺密说说最近的不如意。总而言之，为自己找点事做，才是对抗坏情绪，让情绪变好的秘密所在。

你还有可能是第三种情况：

今天是周一，而周一又是你日常工作最忙的一天。忙碌了一整天后，心情已经不怎么样了。回到家，你以为可以稍微换一下心情。打开门的一瞬间，孩子就抱上来，撒娇地问你能不能吃一颗糖。你完全忘记了理性的自己应该是什么样子，大声对着孩子喊：不可以吃糖，给我乖乖去吃饭。只留下孩子惊恐、不知所措的脸。

因为你忘掉的是，孩子已经吃完饭了，你们昨天约好，今天他乖乖吃完饭，就能在饭后吃一块糖。

想到这里，你的心情变得更差了！

作为成熟的社会人，一个最基本的要求是，在不同场合中，要能区分清楚自己的角色，避免把工作当中的情绪升级成内耗带回家。

在工作中，你是一位职场人士。回到家，你是妻子 / 丈夫、是母亲 / 父亲、是女儿 / 儿子。如果你忘掉边界，也许你可以把职场上的气撒在家里。但这种情绪的发泄是一种自欺欺人的愚蠢行为。你不会开心，更多的是懊恼和后悔。而你必须为你的每一个行为负责。

请在下一次推开家门时告诉自己：我是妈妈，我回来了。用你的笑容迎接你的孩子。当你拥有察觉自己情绪的能力时，你的负面情绪就已经释放了一半。

情绪管理能力并非一蹴而就，一个人也不可能经历所有的情绪场景。但能确定的是，如果你拥有了情绪管理能力，情绪就不会升级成为内耗，这样你就能拥有一个愉快舒畅的高效人生。

以上就是我们本节的主要内容。本节的要点是：

第一，一个故事，带你区分清楚什么是情绪，什么是内耗；

第二，察觉你的情绪，避免升级成为内耗；

第三，三种情绪场合，带你避免情绪和内耗，成为高精力人士。

最后，给大家布置一个思考和践行作业：

列出最容易让你情绪激动的三种场景，在之后遇到这三种场景时，及时察觉自己的情绪状态，避免转化为内耗。

## 高效学习篇

### 第一篇　升级式关键信息筛选法

我们来看第一个知识点：筛选信息法。

高效学习者许岑曾经分享过一个观点："成年人的学习方法不同于小孩，成年人更应该带着当前面临的问题和困惑去学习，根据目标去学习，而不是像小孩子一样从基础学起，因为小孩子学习通常都不是为了目标和解决问题。"

简单来说，成年人的学习是功利性的。但大部分人，却进行着漫无目的的学习。

很多人面对一本书或者一个社群的海量信息时，通常会从头到尾学习一遍，这样效率太低了。其实，你可以带着目的去学习，比如，你可以带着关键词进行学习，从学习的对象里快速抓取自己想要的知识。再比如，你可以为自己每个月或者每年设置一个学习的主要关键词。以每个月为例，假设自己当月设定的关键词是时间管理，在整个月里，你可以围绕时间管理这个关键词进行学习。一个月过去后，你对时间管理会有比较全面的认识。

了解了"筛选信息法"之后，首先要解决的问题是，去哪里找到关键词以及是哪些关键词比较适合进行信息筛选的。同样还是以时间管理为例：

第一步，确定一个最核心的关键词，那就是时间管理。

第二步，把时间管理这个关键词扩展成多个维度，比如职场人士的时间管理、全职妈妈的时间管理等。

第三步，写下和时间管理相关的其他维度的关键词，比如擅长时间管理的人的名字、他的作品的名字等。

第四步，写下和时间管理相关的发散性关键词如拖延症、精力管理等。

第五步，以上所有的关键词都在百度上进行搜索，最后确定三到五个对你来说最重要的关键词。

接下来，我们来看第二个知识点：需要用关键词进行信息筛选的应用场景。

在写本节内容之前，我数了一下自己正在参加的活跃社群数量，是 20 个。

如果我每天都一字不漏地把这 20 个社群里面的信息全部看完，可能需要 3—5 个小时的时间。

同样，我看了一下书柜上没有看完的书，有 50 本，如果我要从头到尾把这 50 本书看完，也需要至少大半年的时间。

听完我描述的以上两种场景之后，很多人就开始焦虑了：那么多信息看不完、那么多的书看不完，我该怎么办？

但是我不会焦虑，因为我知道，无论是社群还是书里面的知识，虽然信息很丰富，但我真正需要的可能只有 1/10。

那么，如何利用第一个知识点提到的信息筛选法来快速地从社群、书本里吸收自己想要的知识呢？

依然是拿时间管理为例，假设本月我的学习关键词是时间管理，学习的方式是我要参加一个时间管理课程的社群和看一本时间管理的书。

先以参加一个时间管理课程的社群为例。

第一步，在加入这个社群的初期，我会花比较多的时间对社群里大家聊天的信息和参与社群的成员进行观察和了解。

第二步，过了几天后，我会根据想要解决的问题列出关键词，比如说要解决拖延症，那我就用拖延症作为信息筛选的关键词；我会找到社群里我想要重点学习的对象，把他的名字记下来。也就是说，参加这个社群，我会找两类关键词：一类是信息关键词，一类是我想要学习的榜样的名字关键词。

看书也是一样的，在看整本书的正文内容之前，我会把书的目录、其他推荐者对书的推荐语、序言都通读一遍，读完之后会挑选出 3—5 个关键词，然后再带着这些关键词去看这本书的内容，一边看书一边圈出正文里面出现的跟这些关键词相对应的内容。这样通读一遍之后，你想要了解的内容就基本可以了解到了。

除此之外，再给大家分享我自己常用的收集信息的一些互联网平台：

第一个平台：百度，任何问题，我都会先找到关键词，然后用百度搜索，快速浏览并找到自己需要的信息。

第二个平台：知乎，知乎常常会针对某种类型的问题，有多维度的交流和讨论。

第三个平台：微信，在搜索框输入关键词后，拉到最底部，选择朋友圈或者是公众号，可以找到很多信息。

第四个平台：微博，你可以在微博上搜到很多人对同一件事情的不同观点和看法。

最后，我们来看第三个知识点：筛选完信息后，该怎么做？

当我们用关键词搜索到所有的信息后，不可避免的是，这些信息并不都是我们马上可以用到的。有一些信息我们当下用不到，但内容非常好。

那么，我们应该怎么样去处理这些筛选过后的信息呢？

你可以在云笔记里建立主题资料库，资料库可以分为两个维度：

一个维度是用关键词搜索之后能够解决我们当下问题的信息列表。

另一个维度是，虽然暂时无法解决当下的问题，但是通过关键词信息搜索之后对自己有用的一些内容。

当下就能用得上的关键信息，非常重要的一点是，要马上找到应用的场景，比如，你用关键词搜索到了可以解决拖延症的方法，而你恰好患有严重的拖延症，那么，你就可以将解决拖延症的方法详细罗列下来。

当下暂时用不到的一些信息，你可以在提炼新的关键词后打上标签，然后分门别类地归纳到有道云里。

为什么要去归纳呢？因为无论是看书还是听课程，有很多信息都是重复的，如果我们从来不对自己的知识库做整理，常常需要花很多的时间去学习那些重复的内容。

但是，如果我们记得自己之前学习过的知识，下一次再碰到的时候就不需要再认真去学了，而是大致浏览之后，将一些新的知识整理归纳到已有的知识框架里面就行了。

下一次我们再碰到类似的问题时，就不需要再去翻书，而是从自己之前看过的书或者是听过的课里找到已经整好的放在云笔记里的信息，从中搜索就可以获得这些知识了。

学习高手与普通的学习者之间，在这一点上是存在很大的差距的。

学习高手会不断扩大自己的认知边界，而且对自己学到的每一个知识点，他都会有意识地归纳起来，并且找到可以用到的地方，这样，他的知识储备量就会越来越丰富。

以上就是我们本节的主要内容。本节的要点是：

第一，关键词筛选信息法；

第二，需要用关键词进行信息筛选的应用场景；

第三，筛选完信息后，该怎么做。

最后，给大家布置一个思考和践行作业：

问问自己，近来最受困扰的一个问题是什么？找出相对应的关键词，然后在你所在的社群或者互联网平台里，或者你读过的书中，尝试采用这种方法去搜索，找到能够解决问题的信息，并且学会把这些信息整理归纳到云笔记里。

## 第二篇　写书式学习：如何做到高效吸收书中精华

这里先要跟大家强调一下，写书式学习法，是一种精读书的方法，但并不适合读所有的书。如果每一本书我们都用这种方法阅读的话，读书的速度会非常慢，所以不是每一本书都值得我们用这么精细的方法去阅读。

如果我们快速浏览完一本书之后，觉得这本书对自己的帮助很大，需要精读，那么就可以用这种方法。这个方法是我在写第一本书的时候自己创造出来的一种方法，在那之后，一旦我遇到一本特别棒的书，我就会用这种方法来进行学习，对书的吸收也会非常全面。

首先，我们来看第一个知识点：自编目录法。模仿作者，用自己的表达方式写下书的目录。

学过的知识，如果可以通过自己的语言清晰地表达给他人听，这才算是对知识消化吸收了。

我对自己的要求更高，看了一遍书后，会加上自己的思考，甚至会在网上对一些概念进行搜索，加深对知识的理解。所以，如果是好书，我会看得特别慢。

自编目录的意思是，当看完一本书的某章节内容后，不要去看这本书的原目录，就用你自己对书的理解和思考，写出相对应的一级和二级目录。

这个挑战其实是非常大的，因为很多学员在听到我这个方法之后，都反馈说这是一件“听起来很容易，但操作起来难度挺大”的事。为了让大家执行起来相对容易，我拆分成四个步骤供大家参考。

第一步，认真看作者是怎样写这些目录的，在心里至少通读三遍。

第二步，看完对应的一章和每章的小节之后，用自己的话写出对应的目录。

第三步，把自己写出来的目录和作者的目录进行对比，找出差距。有些人可能会发现自己写得比作者的还要好，那是好事，但是如果发现自己没有作者写得好，那就进入第四步。

第四步，修改和调整自己的目录，让自己的目录更加贴合该书的内容。

按照以上四个步骤，大家可以写出精读过的书的目录了，相信大家对书的内容会记得更加牢固。再一次强调，如果我们完全不理解书的内容，要用起来其实是很难的，只有在阅读的过程中加入自己的思考，对知识有印象，才能够学以致用。

接下来，我们来看第二个知识点：每章小结法。对每个章节的内容，做三条总结。

写完目录是不够的，因为目录是一句话，就像课程的标题。

我们还要对每个章节的内容做总结。

针对书里每一章节的内容，我们可以根据信息量的多少进行总结。如果章节内容比较少，可以对整个章节做三条总结；如果整个章节内容比较多，可以针对每章里面的每一小节来做三条总结。

三条总结该怎么写？最简单的做法是，看完书之后，从对自己启发最大的三个维度出发，用自己的话写出三条总结。

还有另外一种方式是：

第一条总结用来描述学到的知识的具体的内容；

第二条总结用来写下对这个知识点的思考；

第三条总结用来写自己接下来的一个行动计划。

如果你看的是一本内容很好而且信息量又非常大的书，你还可以这样做：把一条总结拆分成三条小总结。也就是在总结里加入三点内容、三点自己的思考和三点行动计划。

大家有没有发现，我一直跟大家强调总结的条数不能超过三条。原因很简单，如果总结的条数太多，看起来什么都是重点，其实就意味着没有重点，所以最好的总结条数就是三条。如果大家细心观察的话，也会发现，我的每一节内容也都是从三个知识点来进行展开的。当然，每个知识点下面也会有一些小的知识点。

这样的好处是，整个课程的结构非常清晰，大家学起来也不会乱，听过一遍后，结合精华笔记进行内容的复盘就可以了。

最后，我们来看第三个知识点：行动计划清单。在书的最后一页，写下 3—10 条行动计划。

在写下行动计划清单之前，我们要做的第一步是，看一下自己写下的每个章节的三条总结，尽量从每个章节里面提炼出最受启发的一个要点。

第二步，假设本书一共有 8 个章节，那么你需要提炼出 8 个要点。

针对这 8 个要点，把它拆分成具体可执行的几个步骤。

第三步，写下 3—10 条行动计划。

可以是针对某个习惯的养成拆分成的 3—10 条行动计划，也可以是 3—10 条不同习惯的养成的行动计划。

行动计划会有以下三点要求：可量化、有时间节点、能输出。

举个例子，我本身是一个晚睡晚起的人，当我看到一本书里面提到了早睡早起的好处后，我就会结合这本书，写下早睡早起需要达到的行动计划。

早睡早起的行动计划表如下：

第一点，确定晚上睡觉的时间为 23 点，并且提前 20 分钟完成睡觉前的准备。

第二点，调好第二天 6 点 30 分早起的闹钟。

第三点，了解清楚自己晚上的入睡习惯。我自己的习惯是，晚上睡觉之前要看电影，这样就会非常容易睡着，那么我的行动计划是睡觉之前为自己准备好电影清单。

第四点，要求自己第二天早上闹钟响后一定要起床。

第五点，适应了这样的早起时间之后，大概每隔一个星期，把早起的时间和早睡时间都往前提5—10分钟。

第六点，提前准备好早起后的计划清单。

针对每一本书的行动计划清单，我会罗列在这本书的最后一页纸上。如果说这本书最后一页纸的空白位置不够，我会去找一张A4纸，写完之后和书最后一页纸装订起来。

要再强调一下，写书式学习，真的是比较费时间的。最开始，我用这个方法读一本书，要用大概20个小时，如果每天花3小时，大概要用7天。随着速度越来越快，现在基本上6个小时可以读完一本书。

以上就是我们本节的主要内容。本节的要点是：

第一，自编目录法。模仿作者，用自己的表达方式写下书的目录。

第二，每章小结法。每个章节的内容，做三条总结。

第三，行动计划清单。在书的最后一页，写下3—10条行动计划。

最后，给大家布置一个思考和践行作业：

挑一本你最喜欢的书，用写书式的方法来进行阅读。如果你的读书量非常少，那就先把这个方法放一放，先从培养阅读习惯做起吧。

## 第三篇　榜样学习法：如何让喜欢的榜样为自己赋能

在大家常规的认知里，看书和听课是常见的学习方式。一个很容易被大家忽略的学习方式是：向优秀的人学习。

我在刚开始工作时，就喜欢观察周围人的特点，并且善于向周围的人学习，尤其是向优秀的人学习，受益匪浅。在向榜样学习的过程当中，具体需要我们怎么做呢？

第一个知识点：建立一份不同行业的榜样名单表。

在最开始探索副业的时候，我的榜样名单里的人很少，随着我继续探索副业，并且随着通过副业获得的收入越来越多、名气越来越大，我的榜样人数也越来越多。

所以我建立了一份不同行业的榜样名单表，在建立这份名单表的过程当中，我们需要注意什么呢？

第一步，列下你感兴趣的领域，比如职场、心理学、个人成长、投资、身材管理类、创业类等。

第二步，在每个领域里找到一个你最喜欢的榜样，榜样的人数最多不要超过三个，太多的话，你的时间和精力不够。

第三步，不同阶段喜欢的榜样类型可以随时调整和更新。

第四步，从哪里找到这些榜样名单呢？有以下三个方法。

第一个：从身边可以接触到的人里面找到你的榜样。身边的榜样，我们可以跟他进行交流，也能够观察到他最新的动态。

身边的榜样不单是指在真实生活里可以接触得到的，也可以是线上的一些社群，你们在同一个社群里，每天都可以看到他的动态。

第二个：从社交平台比如微博、微信公众号上找到你的榜样。

最开始建立榜样清单时，这类型的榜样跟我们之间的距离是比较远的。但是我们可以从微博、微信公众号这些社交平台上看到对方每天的状态更新，不断向对方学习，然后创造机会去接触他。我通常是通过参加对方的签售会或者其他活动进行接触。

第三个：从书里面找到你的榜样。这种类型的榜样，有可能你接触不到，但你可以通过看他的书去了解对方，学习对方身上优秀的一面。

第二个知识点：向榜样进行多维度的学习。

了解了向哪些榜样学习外，还要做到向榜样深度学习，有以下五个维度。

第一个维度：吸收榜样的能量。每个人都会遇到不开心的事情，但是，你会发现，那些榜样在面对困境时呈现出来的状态是不一样的。他们在遇到难题时，既能接受其出现，又能将精力花在如何解决问题上。这种良好的心态非常有利于难题的解决。

第二个维度：学习榜样的人生活法。在我的榜样名单里，大部分人都不是工作狂，他们会对很多事情感兴趣，对不同的事情也会有很多有趣的观点。所以，我会去观察他们是怎样生活的，这样对我自己生活状态的调整也有非常大的帮助。

第三个维度：看榜样的书单、电影单和视频清单，并且去学习他们看完书、看完电影、看完视频之后所总结出的观点，从他们的思维方式上去学习看问题的角度。

第四个维度：借鉴榜样的行动力。我常常会收到学员的私信，称看完我在怀孕期间以及生完小孩之后所做的事情，受到了很大的鼓舞，也因此开始提升自己的行动力。我自己也是如此，当我发现我自己想要松懈的时候，看到比我优秀的榜样比我还努力，就会要求自己变得更加勤奋。

第五个维度：学习榜样的专业化。为什么要在不同的行业找到你的榜样名单呢？因为人无完人，每个人都有自己擅长的领域，你一定要清晰地知道你所喜欢的那个榜样，他最擅长的领域是什么，并且重点观察他在这个领域里发表的观点、他的思维方式和行动力。

第三个知识点：榜样视角法。如果你是自己的榜样，你会怎么做？

在观察榜样的时候，我们会做一些记录，并且告诉自己如何行动。但在行动过程中，我们会遇到不同的阻碍，有的是来自外界，更多的是来自我们自己。

举个例子，我有一个榜样，她出了很多本书，我想要向她学习。但是，当我想要出第二本书的时候，我可能会给自己找各种各样的理由往后拖延。

这时候就需要用“榜样视角法”去激励自己。

以我为例，生完小孩之后，我迟迟不去锻炼身体。后来我就用了榜样视角法，我从互联网上找到好几个生完小孩之后开始管理自己身材的榜样，然后把她们所用到的方法全部整理并打印了出来。等我想偷懒的时候，我就会问自己，如果我想要成为像她们一样能够管理好自己身材的妈妈，我需要怎么做？

“榜样视角法”特别适合引导自己去做一些自己不想做的或者不敢尝试的事情。有时候，我们做不了一件事情，真的不是因为自己能力不足，而是因为不相信有人可以做成这么一件事。

“榜样视角法”有以下四个步骤：

第一步，理出自己想要提升的维度；

第二步，从榜样清单里面去找合适的榜样；

第三步，如果榜样清单里面没有，那就去互联网上重新找；

第四步，在养成这个习惯的过程中，遇到的任何阻碍，都通过学习榜样的力量去克服。

以上就是我们本节的主要内容。本节的要点是：

第一，建立一份不同行业的榜样名单表；

第二，向榜样进行多维度的学习；

第三，榜样视角法。如果你是自己的榜样，会怎么做。

在副业探索路上，大家可以把我当成榜样。当你不知道该怎么做的时候，可以从我的公众号或者课程里面去找一些方法。期待大家能够在副业探索之旅上取得最大的收获。

# 后记

## 和我一起，开启你想要的人生之旅

在本书的序言里，我写道："人生，没有什么不可能！"我相信很多读者看完我的故事后，会受到一些触动。

但受到触动后，如果没有任何行动，人生只能是原地踏步。

本书序言《人生，没有什么不可能》，是想用我自己的亲身经历，让大家相信，人生会有多种可能性。

整本书的内容，是把所有和副业赚钱相关的案例、方法、思维、渠道等扎扎实实地分享给大家。

而这篇后记，最重要的目的是提醒你：一定要行动起来！唯有行动，才能真正踏上副业赚钱之旅。

我相信，在本书正式出版之后，我的人生又会上一个新的台阶。而你，是否也已经踏上了新的台阶了呢？

希望能和你有更多的交流，我在我的微信公众号公布了添加我个人微信的方式，期待你看完本书分享你的读后感和副业赚钱故事给我听。

等你！

图书在版编目（CIP）数据

副业赚钱 / 张丹茹著. -- 北京 : 中国友谊出版公司, 2023.6

ISBN 978-7-5057-5632-8

Ⅰ. ①副… Ⅱ. ①张… Ⅲ. ①副业 - 基本知识 Ⅳ. ①F307.5

中国国家版本馆CIP数据核字（2023）第066151号

书名　副业赚钱
作者　张丹茹
出版　中国友谊出版公司
发行　中国友谊出版公司
经销　北京时代华语国际传媒股份有限公司　010-83670231
印刷　唐山富达印务有限公司
规格　880×1230 毫米　32 开
　　　8 印张　180 千字
版次　2023 年 6 月第 1 版
印次　2023 年 6 月第 1 次印刷
书号　ISBN 978-7-5057-5632-8
定价　45. 00 元
地址　北京市朝阳区西坝河南里 17 号楼
邮编　100028
电话　（010）64678009